网络教育生态系统构建研究

赵晗睿 著

吉林大学出版社

·长春·

图书在版编目(CIP)数据

网络教育生态系统构建研究 / 赵晗睿著. —长春：吉林大学出版社，2021.6
ISBN 978-7-5692-8433-1

Ⅰ.①网… Ⅱ.①赵… Ⅲ.①网络教育–教育研究 Ⅳ.①G434

中国版本图书馆 CIP 数据核字（2021）第 119554 号

书　　名：	网络教育生态系统构建研究
	WANGLUO JIAOYU SHENGTAI XITONG GOUJIAN YANJIU
作　　者：	赵晗睿　著
策划编辑：	黄国彬
责任编辑：	单海霞
责任校对：	张文涛
装帧设计：	姜　文
出版发行：	吉林大学出版社
社　　址：	长春市人民大街 4059 号
邮政编码：	130021
发行电话：	0431-89580028/29/21
网　　址：	http://www.jlup.com.cn
电子邮箱：	jdcbs@jlu.edu.cn
印　　刷：	天津和萱印刷有限公司
开　　本：	787mm×1092mm　1/16
印　　张：	11
字　　数：	180 千字
版　　次：	2021 年 6 月第 1 版
印　　次：	2021 年 6 月第 1 次
书　　号：	ISBN 978-7-5692-8433-1
定　　价：	68.00 元

版权所有　翻印必究

前 言

网络教育是随着社会信息化的持续推进而出现的一种新型教育模式,它以其海量的信息资源共享、方便快捷的信息传递、不受时空限制的人际交互等特点逐渐被人们接受并广泛应用。网络教育扩大了教育规模,提高了办学效益,是建立终身教育体系的重要战略措施。

生态学理论是研究生物及其环境相互作用过程及规律的科学,作为一种认知观与研究方法,该理论"得到了理论界的极大认同并被应用到社会科学研究的诸多领域"。将网络教育与生态系统关联起来,从生态学视角审视网络教育,并对网络教育生态系统的构成、运行、调控、培育等展开研究,符合网络教育建设与发展的现实需要,而且还有利于丰富现有的网络教育理论体系,为当代教育工作者高效展开网络教育提供了科学的理论指导和方法,现实价值突出。

一、深化网络教育建设研究

网络教育建设是一项长期而复杂的工作任务,也是一项系统工程,其涉及范围广,建设内容多,技术要求高。从生态学视野观察和思考网络教育建设,其意义在于:一是深入到网络教育系统内部,具体考察和分析网络教育的各种构成要素及其相互关系,把握网络教育生态系统的运行与调控机制,为网络教育建设提供理论阐释,避免网络教育研究中理论不深不透的弱点;二是在社会系统和信息化进程中考察和分析网络教育生态种群的演化与繁育,便于从整体和全局的高度把握网络教育在国家和社会发展中的地位及其建设要求。

二、促进教育学理论发展

在教育需求日益多样的当下,学科融合已然成为学科发展的必然趋势,是学科研究的重点,也是学术创新能力持续增强的动力源泉。从生态学视野观察和思考网络教育建设,展开网络教育生态系统研究,可以拓宽分析视野,产生理论创新力。它不仅可以将网络教育看作是生命体,基于生态学这一全新的研究视角展开探讨与分析,以便更深刻地掌握其发展规律,了解其运行与培育机制,而且还能从动态角度着手推进网络教育研究,体现出生态系统的结构因子及其与社会环境之间相互作用的动态特征。

三、提高教育生态文化建设

网络教育生态系统,既作为文化生态系统,承担着国家社会主义生态文明建设的重任,强调人文关怀,又作为信息生态系统,承载着传递信息、传播生态理念的使命,强调可持续发展。从实践来看,一旦生态文明理念与教育事业密切联系起来,将能够营造和谐良好的教育文化氛围,同时也能够建立稳定持续的教育服务链,使教育工作者在愉快的环境中传播知识、教书育人,使教育用户在自由开放的环境中获取信息。不仅如此,将生态学思想和理论引入教育工作之中,可以在我们的实践工作和学术研究中融入更多的"生态文明"元素,增强我们的生态意识,自觉倡导并践行生态文明。

总之,随着网络教育研究与建设的深入,网络教育生态问题日益受到学界的关注。通过引入生态学思想,运用生态系统的基本理论和思维方式,探寻网络教育生态系统的演化规律、运行与平衡调控机制,是教育学研究的时代性课题,从而促进网络教育实践工作的开展,推动教育学研究的深化发展。

目 录

第一章 网络教育概述 …………………………………………… (1)

第一节 网络教育的形成 ………………………………………… (1)
一、网络教育的发展 ……………………………………………… (1)
二、网络教育的概念 ……………………………………………… (2)

第二节 网络教育的特征及其功能 ……………………………… (5)
一、网络教育的特征 ……………………………………………… (5)
二、网络教育的功能 ……………………………………………… (7)

第三节 网络教育与传统教育的比较 …………………………… (9)
一、教育模式 ……………………………………………………… (10)
二、课程设置与教学内容的呈现方式 …………………………… (10)
三、教与学的方法 ………………………………………………… (11)
四、教师与学生的关系 …………………………………………… (11)
五、教学交往 ……………………………………………………… (12)
六、伦理与道德教育 ……………………………………………… (12)

第二章 网络教育生态位 …………………………………………… (13)

第一节 生态位理论及其应用 …………………………………… (13)
一、生态学的形成与发展 ………………………………………… (14)

二、生态位理论 …………………………………………… (15)
　　三、生态位理论的应用 ……………………………………… (17)
第二节　网络教育生态位的概念 …………………………………… (19)
　　一、网络教育的生态属性 …………………………………… (19)
　　二、网络教育生态位的内涵 ………………………………… (24)
　　三、网络教育生态位的定位 ………………………………… (25)
第三节　网络教育生态位的特征 …………………………………… (27)
　　一、生态位的特征 …………………………………………… (27)
　　二、网络教育生态位的特征 ………………………………… (28)
第四节　网络教育的种群关系 ……………………………………… (31)
　　一、种内关系和种间关系 …………………………………… (31)
　　二、网络教育与传统教育的关系 …………………………… (32)
　　三、网络教育个体间的关系 ………………………………… (33)
　　四、网络教育种群间的关系 ………………………………… (34)

第三章　网络教育生态系统的结构与功能 ……………………… (35)

第一节　网络教育生态系统的概念 ………………………………… (35)
　　一、生态系统 ………………………………………………… (35)
　　二、网络教育生态系统 ……………………………………… (38)
第二节　网络教育生态系统的结构 ………………………………… (41)
　　一、生态因子 ………………………………………………… (41)
　　二、网络教育生态系统的结构 ……………………………… (41)
　　三、网络教育生态系统中生态因子的作用方式 …………… (49)
　　四、网络教育生态系统的结构分析 ………………………… (50)
第三节　网络教育生态系统的特征 ………………………………… (53)
　　一、整体性 …………………………………………………… (53)

目　录

　　二、多样性 (54)

　　三、驱动性 (55)

　　四、动态性 (55)

　　五、开放性 (56)

　　六、交互性和协作性 (57)

第四节　网络教育生态系统的功能 (58)

　　一、物质循环 (59)

　　二、能量流动 (59)

　　三、信息传递 (59)

第四章　网络教育生态系统的形成与进化 (61)

第一节　网络教育种群的成长 (61)

　　一、国外网络教育种群的成长 (62)

　　二、我国网络教育种群的成长 (65)

第二节　网络教育生态系统的发展沿革 (65)

　　一、预备期 (66)

　　二、初创期 (67)

　　三、成长期 (67)

　　四、成熟期 (71)

第三节　网络教育生态系统进化的动力机制 (72)

　　一、科技发展驱动力 (73)

　　二、教育平等驱动力 (77)

　　三、改善人才结构驱动力 (79)

第四节　网络教育生态系统的演化规律 (80)

　　一、自组织规律 (81)

　　二、协同演化规律 (82)

三、渐变与突变规律 ……………………………………… (84)
四、遗传与变异规律 ……………………………………… (85)
五、发育进化与效益递增同步规律 ……………………… (87)

第五章 网络教育生态系统的信息资源构建 ………… (89)

第一节 网络教育的信息资源概述 ……………………… (89)
一、网络教育信息资源的形成与发展 …………………… (89)
二、网络教育信息资源的定义 …………………………… (90)
三、网络教育信息资源的类型 …………………………… (91)
四、网络教育信息资源的特性 …………………………… (92)

第二节 网络教育资源应用中存在的问题 ……………… (94)
一、网络教育资源陈旧、更新缓慢、冗余资源过多 …… (94)
二、资源异构、缺少有效定位 …………………………… (95)
三、优质网络教育资源的形式单一 无法满足用户的个性化需求
……………………………………………………………… (95)
四、网络教育资源缺少评价、缺少信息反馈 …………… (96)
五、资源重建设轻使用、重硬轻软 ……………………… (97)

第三节 网络教育生态系统信息资源的构建 …………… (98)
一、网络教育生态系统信息资源的构建原则 …………… (98)
二、网络教育生态系统信息资源的构建策略 …………… (100)

第六章 网络教育的生态平衡与调控 ………………… (112)

第一节 生态平衡理论及其应用 ………………………… (113)
一、生态平衡理论的提出与发展 ………………………… (113)
二、生态平衡理论的主要观点 …………………………… (116)

第二节 网络教育生态系统的平衡与失衡 ……………… (119)

一、网络教育生态系统平衡的表现 ………………………………… (119)
　　二、网络教育系统生态失衡的表现 ………………………………… (126)
　第三节　网络教育失衡的调控 …………………………………………… (131)
　　一、从调节网络教育生态系统内部的结构和功能入手 …………… (131)
　　二、从网络教育系统外部建立预防检测与保护体系 ……………… (135)

第七章　网络教育生态系统的健康与评价 …………………………… (139)

　第一节　网络教育生态系统健康 ………………………………………… (139)
　　一、生态系统健康与评价 …………………………………………… (140)
　　二、网络教育生态系统健康 ………………………………………… (143)
　第二节　网络教育生态系统的评价目的与方法 ………………………… (144)
　　一、网络教育生态系统的评价目的 ………………………………… (144)
　　二、网络教育生态系统的评价流程 ………………………………… (145)
　　三、网络教育生态系统评价系统的三种类型 ……………………… (147)
　　四、网络教育生态系统的评价方式 ………………………………… (150)
　第三节　网络教育生态系统的评价指标体系 …………………………… (151)
　　一、网络教育生态系统评价指标体系的设计原则 ………………… (151)
　　二、网络教育生态系统评价指标体系的内容 ……………………… (153)
　　三、网络教育生态系统评价指标体系的评分标准 ………………… (156)

参考文献 ……………………………………………………………………… (161)

第一章 网络教育概述

第一节 网络教育的形成

20世纪90年代，信息技术的深度应用，对现代教育工作产生了史无前例的影响和推动作用。网络教育是一种新型的教育模式，是教育学专业的重要知识领域，是未来教育管理的发展方向。

一、网络教育的发展

美国的网络教育在全球范围内位居前列，而且一些经典的学术术语也是由美国提出的。虚拟课堂的创始者史达·罗森纳·希尔茨在20世纪80年代首次创造性提出了"虚拟教室"，这为网络教育的形成与发展奠定了理论基础；林达·M.哈勒希姆则在20世纪90年代提出了"在线教育"，其属于网络教育的范畴，是互联网技术推陈出新的产物；随后，特里斯等学者在其研究报告中提出了"网络教室"，上述均是网络教育领域特有的表述。1996年，诸如"虚拟校舍"（virtual school house）、"虚拟校园"（virtual campus）、"虚拟大学"（virtual university）等一系列术语层出不穷，极大地丰富了网络教育的理论体系。

我国网络教育也顺应信息技术的发展趋势，实现了从论证到试点，从平面到立体，从理论到实践的演变与发展。1994年底，在国家教委的主持下，清华大学等国内10所重点高校联合推进与落实了"中国教育和科研计算机网（CERNET）示范工程"。这是国内第一个采用TCP/IP协议的公共计算机网。在这一年，CERNET、CHINGBN、CHINNET、CSTNET等中国四大主干网相继建成，并接入Internet，且各大高校也开始进行信息化建设，先后接入CERNET。这一工程为网络教育诞生提供了现实准备。为了保证网络教育合法、健康、持续地发展，我国颁布了网络教育发展的相关政策。如1998年我国施行《面向21世纪教育振兴行动计划》，明确表示要加强教育信息化建设，深化推进科学技术在教育领域的应用，同时还表明国家要为现代远程教育网络提供充分的支持，加大对其投入力度等。在强烈的社会需求和国家政策的支持下，1998年11月，湖南大学与湖南电信协同合作，在产学研一体化模式下，共同成立了国内首个线上大学——湖南大学多媒体信息教育学院，正式拉开了中国网络教育的序幕。21世纪初，我国推行现代远程教育试点工程，将中国人民大学等15所高校作为试点区域，以期更迅速高效地推进我国网络教育的发展。截止到2013年，在国家政策的大力支持下，我国已经有68所高校先后纳入现代远程教育试点范畴，并着手开展网络学历教育招生工作，取得了重大进展，而在其初具雏形时，非学历网络教育建设也在积极行动。根据权威数据显示，在2000~2006年期间，弘成（中华学习网）、安博教育集团、新航道等11家国内教育巨头风投总规模达9300万美元以上，这为我国网络教育事业的发展提供了强大的资金支持，其中新东方集团在纽交所首次IPO融资便超1.1亿美元，这从侧面反映了我国非学历网络教育建设蓬勃的发展潜力。

二、网络教育的概念

1. **网络教育是一种学习方式**。它是依托先进的信息技术和互联网平台，允许教育用户或学生自主学习、个性化学习，同时也允许其交互式集体合作学习的一种新型学习方式，是课堂教学的补充与拓展。

2. **网络教育是一种工具**。在网络教育活动中，以多媒体教学技术和网络技术为核心的现代信息技术像铅笔、橡皮一样是学习者的工具。学习者把信息技术看作是一种获取新知识、新信息的手段与工具，通过各种信息技术和线上渠道，广泛收集与查询信息，并积极地探索问题的解决方法，或者通过这种工具建构新的知识认知体系。与此同时，网络教育也是一种建立在信息技术基础上的知识建构、课题研发、情感激励等的工具，既能够满足学习者获取知识和信息的需求，又能够为教育工作者开展教学活动提供更丰富的工具，以强化教育教学效果。

3. **网络教育是一种环境**。在互联网平台的支持下，网络教育为广大学习者与教育工作者创造了一个无时空界限的虚拟学习环境，开放包容、自主学习的环境，允许他们随时随地地开展学习或教学活动，同时也营造了自由个性的学习氛围，实现了环境从场所向氛围、从现实向虚拟的方向转变。

4. **网络教育是一种境界**。由于网络具有虚拟性和匿名性等特征，因此网络教育能够创造一个充满个性、平等合作的学习空间，创造一种好学、喜学、乐学的境界，使学习者与网络教育工作者有机互动、平等交流，从而实现了师生关系从"你讲我听"的授业关系向平等互助的朋友关系的转变。

5. **网络教育是一种文化**。在如今互联网技术当道的现代社会，网络已然成了人类社会生活中的重要构成部分。纵观客观实际，人类无论是工作，还是社会交往，抑或是学习，都离不开网络，而在这种社会实践中，网络文化应运而生。网络教育通过互联网平台为广大学习者提供了丰富的教育资源和线上学习交流平台，其构成了网络文化的一部分，为人们参与网络社会、实现网络交往提供了支持。

6. **网络教育是一种服务**。网络教育是建立在互联网平台基础上，为存在教育或学习需求的教育用户提供多样化的数字教育产品及其配套服务的一种新型教育服务方式，突出了学习者的主体性地位，体现了一种以"学习者为中心"的教育理念。网络教育是信息技术与教育事业深度融合的产物，是现代服务体系中的重要构成，同时也是教育社会化发展的必然趋势，能够为教育用户提供优质高端、高效多样的教育服务，以便更好地满足当代人的教育需求。

7. **网络教育是一种教育理念**。"网络教育是一种教育理念，是对人类教育自由的崇尚与人性自然的顺应，即为人类的教育消除各种限制与障碍提供最大限度的自由。网络教育不仅仅是一种方式方法，而是一种观念。是将教育融会于受教育者的自然生活之中，按需求教育者的生存方式、生存需要、生活习惯、生活节奏、生活状态、生活喜好，来设计提供多种教育形式，指导需求教育者主动地发自内心地积极地选择最适合自身的形式来寻求教育。"①传统的教育只能照顾到一部分人，甚至是很少一部分人的发展，在很多情况下，多数人都成为陪衬者，其潜能未能得到较好的开发，即使照顾少数人的发展，也是不全面的，这违背了面向全体和教育平等的基本理念。网络教育为每个学习者提供了比较充分和全面的教育，满足了学习者全面而富有个性发展的要求，有利于发掘人生命中蕴涵的发展潜能。

  8. 网络教育是一种价值观。大量实践研究表明，教育价值观影响与决定着教育目标的制定、教育课程的设计、教育活动类型、教育模式的选择等各个方面，是教育活动按照预期的目标开展执行的前提保障，也是教育活动是否取得理想效果的思想基础。网络教育作为信息社会特有的产物，提供了一种"以学生为中心"的新型教育价值观，主张教师在开展教学活动时理应突出学生的主体性地位，将自身摆在与学生平等的位置，通过自由讨论、自主探究、相互交流的形式帮助学生建构知识理论体系，而并非单方面的填鸭式灌输，同时还主张学习者"个性化"学习，要求教师尊重学生的学习能力与需求，针对性开展教学，体现了一种可持续、终身学习的价值追求。

  网络教育是随着信息技术推陈出新而形成与发展的，是基于互联网平台，在一种相对开放的网络环境下所开展的教育教学活动。结合前人的研究观点以及前文的表述，笔者认为，"网络教育"是在开放的网络环境下，严格遵循"以学生为中心"的现代教育理念，以先进的学习理论成果为指导，以数字化教育资源为要素，向教育者和学习者提供教学平台和教育内容的线上教育活动。

---

① 陈肖生. 网络教育与学习适应性研究综述[J]. 中国远程教育，2002(3).

第二节 网络教育的特征及其功能

一、网络教育的特征

以计算机技术为支撑的网络教育,充分体现了现代远程教育的技术先进性和办学开放性。相较于一般教育事业而言,网络教育表现出鲜明的特征,具体如图 1-1 所示。

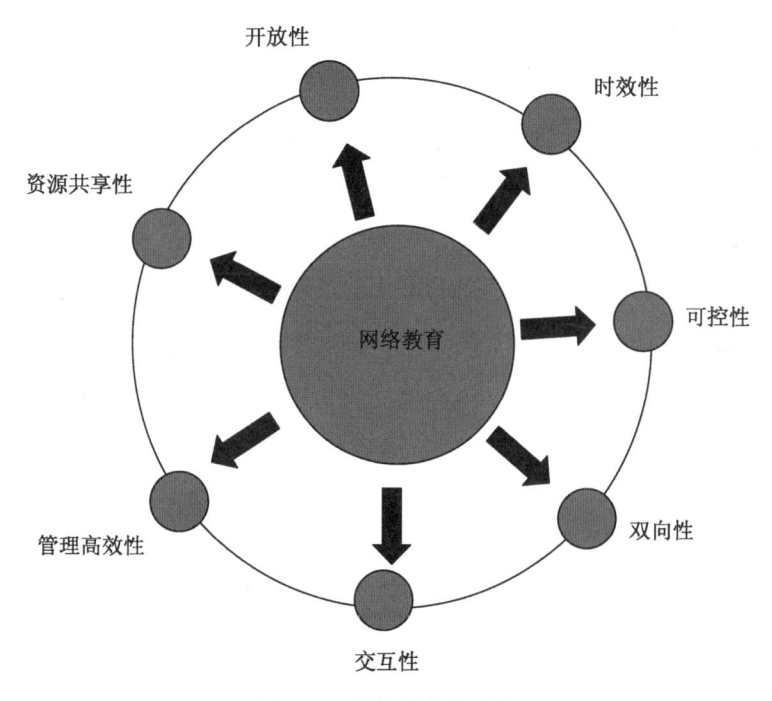

图 1-1 网络教育的特征

1. 开放性

网络教育面向所有人开放,为不同国家、民族、性别的人提供平等的受教育机会,而这也正是其开放性的具体体现。不仅如此,网络教育允许所有的人利用先进的信息通信技术,广泛收集与查找教育资源。也就是说,在互联网背景下,在网络教育模式中,教育资源并非特殊群体所独有的,而是面向社会不特定受众所共有的。

2. 时效性

网络教育主要是将文字、声音、视频等不同媒介信息进行数字化处理,使其存储于网络空间中,并通过编码译码的形式向网络用户传播,主要有同步教学和异步教学两种形式。在网络教育模式中,学生能够根据自己的兴趣爱好和价值取向,选择所需要的学习教育资源,或者自由安排学习活动,以此更好地平衡学习与生活的关系,同时还允许学生利用碎片化的时间获取知识,而这种获取形式既可以是实时的,即通过直播等方式第一时间学习理论知识,也可以是非实时的,即通过回看或者查询历史资料,以此获取所需要的学习信息。

3. 可控性

网络教育能够让教师和学生在非同一时空下进行交流互动,但即便如此,整个教育流程也是可控的。无论是学分统计,抑或是学位授予,还是其他教育教学活动,均能够受到一定规则和技术的控制。另外,网络教育提供了反馈渠道,允许教师实时收集学生的信息,及时了解学生的学习情况。此外,学生也能够根据自己的时间和学习需要灵活地调整课程时间和内容,充分体现了网络教育的可控性。

4. 双向性

网络教育的双向性,不仅仅局限于师生间,还包括教师间、学生间等。不同于传统教育模式下"一对多"的教育特点,网络教育凭借着互联网开放性等特征,为不同教育参与主体提供了双向互动和沟通的平台,一方面为师生间的教学和学习反馈提供支持,另一方面则为学生间的学习经验和老师间的教育经验分享提供支撑,有利于其获得更全面丰富的信息,以此保证教学和学习的良好效果。

5. 交互性

这是网络教育最突出的特征。迈克尔·穆尔表示,现代远程教育主要存在三种交互类型:一是学生—教师间,具体表现在两者通过计算机网络平台就某一课程内容的学习进行交流互动，既包括学习学业的指导，也包括对学习疑惑的解答；二是学生—学生间，具体表现在两个及以上学生间的沟通对话，主要是依托异步型的网络媒体或社交媒体平台分享学习经验，或者是其他形式的交流，交互的内容包括但不仅限于考试成绩、课程内容、学习经验、学习技巧等；三是学生—学习内容间，具体表现在学生对网络课程内容的理解与认识，对理论知识的思考等。穆尔和柯瑟林曾指出，每个学生都是基于原有的认知经验和知识结构体系建构新知识，而学生与学习内容的交互则使得学生的视野得以开阔，学生的理解能力得以强化。此外，安德逊和盖瑞逊也明确表示学生—学习内容的交互是最基本的，而且在互联网技术的支持下，这种交互呈现出深层次等趋势。

6. 资源的共享性

网络作为一个开放化的平台，支持不同类型的信息广泛传播和无时空共享，允许不同国家和地区的学生、教师同步或异步交流沟通，它能够高度整合优质教育资源，通过网上公开发布和统一授课、广泛传播学习知识，从而实现资源的共建共享。在此过程中，学生能够通过网络教育获取更多异质性学习资源，以此增强自身的学习技能，拓展学习认知体系，而教师也能够通过网络教育，从其他教师的线上课程中收获到更多教学技巧。

7. 管理的高效性

网络教育支持线上注册和办理招生手续，允许教育用户线上提交和审核资料，这在很大程度上降低了人为失误率，同时也省去了奔波于学校的时间，显著提高了教学管理效能。此外，网络教育还支持学生线上选择选修课程，这既满足了学生个性化的学习需求，同时也实现了教学管理的电子化。

二、网络教育的功能

1. 共享功能

网络技术在教育领域的深度应用，打破了教育事业的时空壁垒，使得教育资源在全球范围内传播。网络教育不仅深入挖掘各大高校的优质资源，推出一系列精品课程，同时也为学生的教育学习提供了更丰富的选择空间，既为学生建构知识提供了支持，同时也显著强化了学生的学习能力。

2. 虚拟功能

"网上学校"有数字图书馆、数字实验室等。在数字图书馆里，你可以全天候不间断地进行思想遨游——与古人对话、与今人交流、与文本融通。在这个虚拟的空间里，你可以成为思想的巨人；在数字实验室里，你可以做核爆炸试验，可以让星球碰撞，能够使古生物（比如恐龙）复活，能够实现云游太空的梦想，还能够完成许许多多在传统学校教育的实验室里很难完成甚至无法完成的实验。

3. 交互功能

在网络中信息具有双向流动性，用户在网络上进行着双向的信息交流与互动。网络教育中各要素（网络教育的基本要素是人、教育资源、教育环境）相互之间的关系是交互的，是出自交互的，也是为了交互的。所以，网络教育是交互的教育，网络教育在以网络学习为核心的交互中生成。基本要素在网络教育中进行着交互，交互也强化着网络教育基本要素之间的联系。

4. 协作功能

传统的计算机辅助教学主要是系统单方面为学生提供课程内容和服务，这并不利于学生的个性化发展，而且这种教学模式仅仅只能够解决学生的部分学习问题。而网络教育则创造了一种协同合作的学习环境，通过不同教育主体的交流互动和合作探究，以此强化学习效果，保证教学的有效性。

5. 检索功能

网络教育中蕴含着丰富的教育资源和信息，其虽然拓展了学生的选择空间，但是也会因为信息的繁多而降低学习效率。因此，网络教育还提供了检索功能，允许学习者定向查询与收集其所需要的教学材料和信息，这既节约了学生查找资料的时间，同时又提高了学习效率。

6. 服务功能

随着信息技术的更迭升级以及科研成果的大量产出，网络教育服务功能也得以完善与突出。不同于传统的教育教学，网络教育强调学生的主体性地位，认为教师与学生之间是平等互助的关系，即教师并非单方面地向学生传授知识，也并非在某一时间段内为学生灌输知识，而是通过引导，让学生自主建构知识体系，并树立终身学习的思想。也正是如此，相较于传统教育系统而言，网络教育系统难以明确界定教育的输入输出对象，它并不以培育学习对象为目的，而是以学生为中心，为其提供终身学习的教育教学服务。

第三节　网络教育与传统教育的比较

网络教育是在传统教育的基础上建立起来的，它与传统教育既有联系，又有区别(如表 1-1)。

表 1-1　网络教育与传统教育的比较

项目 / 特征	类型	传统教育	网络教育
教育模式	教学方式	同步	同步、异步
	教育空间	封闭性	开放性
	教育时间	阶段性	终身化
	教学组织形式	班级授课	个别化或协作化教学
	教学场所	学校、教室	网络空间
教学内容	呈现方式	线性	非线性
	传播模式	单向广播式	分布交互式
	传播媒介	语言文字	多媒体声光电
	内容载体	课本	多媒体资源
	价值导向	知识能力本位	人格本位
教与学的方法	教的方法	注入式	启发式
	学的方法	被动接受	主动发现
教师与学生	教师角色	知识的传播者	信息咨询者
	学生角色	知识的接受者	知识的发现者
	师生关系	对立	对话
教育交往	交往模式	单一化	多样化
	交往方式	单媒化	多媒化
	交往主体	权力集中	权力分化

续表

项目 \ 类型特征		传统教育	网络教育
道德教育	模式	他律型	自律型
教育管理	实现途径	自上而下	自下而上
	方法手段	监视技术 控制技术 归训技术	新闻发布 信息传递 交谈和倾听

一、教育模式

从教学方式上看，传统教育主要以同步教学为主，即课堂中"即教即学"，而网络教育则包括同步和异步两种教学模式；从教育时间上看，传统教育是分阶段的，根据个体的不同年龄和学习能力循序渐进地安排课程内容，且为日后的工作学习奠定基础，而网络教育则是终身的；从教学组织形式来看，传统教育主要是以课堂教育、班级授课为主，而网络教育则是根据学生的实际学习需求，以个性化教学、线上授课为主。

二、课程设置与教学内容的呈现方式

从教学内容的呈现方式来看，传统教育模式无论是课程设计抑或是教学内容的安排都是线性的，按照既定的教学目标有序地推进；而网络教育则是根据学生的能力来提供教学内容，这种呈现方式是非线性的，结合具体情况而定；从传播模式上看，传统教育主要是单向传播，由教师向学生单方面地传授知识，网络教育则是双向互动的，由师生间相互交流反馈来共同促进学习；从传播媒介来看，传统教育主要以语言文字为主，而网络教育则存在丰富的载体，以视频、声频等多种媒介载体传播知识。1999年，美国国家教育培训团从信息时代的视角着手，深入分析探讨了网络技术对教学设计的重要性，表示传统教育较为僵化，难以适应新时代学习者个性化、多样化的需求，主张教育工作者必须要灵活运用新媒体技术，开发设计教学内容和方案，以此更好地满足学习者的实际学习需求。

三、教与学的方法

在教的方法层面，传统教育主要是以班级授课，即教师基于个人的教学经验，根据个人对知识的理解，在课堂上向学生传播理论知识，此时学生并非完全参与到学习之中，而是扮演"知识容器"的角色，被动地接受知识的灌输，而网络教育则强调引领示范，即教师根据学生的实际学习需求，为学生提供一定的指引，启迪学生自主学习、独立思考，从而建构属于自己的知识体系，在这种教育模式中，学生与教师之间处于平等地位，相互交流沟通，共同促进。

在学的方法层面，传统教育注重纪律，以教师的绝对权威为主，因此学生只能够完全服从于教师的指令，按照教师的要求开展学习活动，被动地接受知识，而这无疑大大抑制了学生的想象力和学习积极性，同时也弱化了学生的主体性。与此同时，在传统教育模式下，创新被看作是向教师的权威挑战，因此其往往处于压制状态。而网络教育则重新定义了学生与教师的关系，将教师从"绝对权威"的神坛上拉下来，使学生以平等的地位与教师沟通交流，允许学生根据个人的爱好选择适宜的学习方法，或者自主探究找到问题的解决方案。此外，传统教育主要是以课本知识为主，以教师为主体，向学生灌输知识，强调知识本位，且整个教学教育活动完全拘泥于一方天地，即教室；而网络教育则以多媒体课件为主，以学生为主体，要求学生自主探究真理，强调人格本位，且整个教育活动的包括范围较为广泛，基于特定的网站或互联网平台，就可以无时空界限地传播知识。

四、教师与学生的关系

从角色上来看，传统教育中教师扮演着权威者、知识传授者的角色，造成知识单向传播，而且也造成了师生关系的对立；而网络教育中教师则扮演着引领者、咨询者的角色，通过与学生的双向沟通，增强学生的学习能力，这在一定程度上打破了师生之间的隔阂，使师生处于平等的地位共同进步，从而取得理想的学习与教学。此外，传统教育中，学生主要扮演知识被动接受者的角色，而网络教育中学生不仅仅是知识的创造者，即通过自己自主探究知识来建构新的认知体系，也是知识的发现者，即根据教师的指引，在网络空间中自行挖掘教育资源。

五、教学交往

互联网打破了时空的局限性，提供了一种电子媒介，允许世界上的每一个人在虚拟的网络空间中平等自由地进行沟通交流，从而建立起和谐的社会关系。教育既是一种文化和知识的传播手段，也是教师、学生等不同主体基于教育内容而开展的一种社会交往活动。网络教育为师生等教育主体构建了交往的平台，允许其基于各自的文化背景，相互交流经验和意见，共同探索真理，由此以更广阔的视角看待世界，最终实现全面发展。

从交往模式看，传统教育主要局限于特定的场所空间，在固定的时间范围内向学生传播知识，整个交往过程较为拘谨，且交往主体间缺乏足够的交流与互动，这无疑降低了教育质量，同时也打击了学生自主学习的积极性。网络教育的交往空间较为宽泛，且不受时间的限制，既允许教育主体间通过E-mail等"一对一"的形式相互交流，也允许其以视频会议等"一对多"的模式开展教育活动，同时也能够基于视频形式的分组交流等"多对多"的模式进行沟通。根据交往活动时间，网络教育存在着同步和异步两种教育交往模式，且呈现出交往主体多元化、交往地位平等化、交往形式跨时空化、交流手段多媒体化等多种特征。

六、伦理与道德教育

受互联网开放包容等特征的影响，网络道德也普遍表现出开放性、多元性等特征。通常情况下，传统道德教育主要呈内容高度一致性、价值取向统一性、教育方法单一性等特征，且主要是依赖于外在规则的约束来达到目的，属于"他律型"道德；而网络道德教育则呈内容多样化、价值取向多元化等特征，且主要是依赖于个体的自律和他人的监督来达到目的，属于"自律和他律结合型"道德。

第二章 网络教育生态位

20世纪80年代起，在粗放型的发展模式下，我国的生态环境问题日益突出，并成为困扰经济可持续发展的核心问题，而这也引发了人们对生态学的积极探索，使其逐步从自然科学领域拓展延伸至政治、文化等人文社会科学领域。生态学从自然环境的承受力和"天人合一"的立场，观察、思考社会政治、经济、文化等发展问题，开辟出社会生态、企业生态、政治生态、文化生态、信息生态、教育生态等新的研究领域。"生态位理论从20世纪80年代以来开始被引入社会科学研究的领域，成为研究人类社会系统的一个分析工具。"[①]生态位理论对网络教育生态系统研究同样具有重要的借鉴价值。本章运用生态位理论，探讨了网络教育的生态质性、生态构成以及生态特征，阐释了网络教育生态位及其在信息社会中的地位与作用，分析研究了各类网络教育种群在生态教育网络系统中的生态位。

第一节 生态位理论及其应用

生态学理论内容丰富，发展迅速。本节笔者对生态学发展及生态位理论作简要介绍，将生态位理论与思想引入网络教育研究中，目的是为网络教育生态位建立分析视域。

---

① 庄悦群.从生态位到可持续发展位：概念的演进[J].中国人口.资源与环境，2005(4).

一、生态学的形成与发展

生态学是剖析与探究生命系统和环境系统的关系及其相互作用机制的一类学科,其形成和发展已有近150年的历史。1866年,德国动物学家海克尔(Ernst Haeckel)首次定义了生态学,强调"生态学是研究生物在其生活过程中与环境的关系,尤指动物与其他动植物之间互惠或敌对关系"[1]。1909年,丹麦植物生态学的奠基人E. Warming提出植物生态学是研究"影响植物生活的外在因子及其对植物结构、生命延续时间、分布和其他生物关系之影响"[2]。1933年,苏联的B. A. Keaaep院士认为"生态学是研究生活中的植物在与其结合的特定外界环境条件紧密相互作用中的形态、结构与化学特点"[3]。1955年,苏联的Haymob认为生态学是"研究动物的生活方式与生存条件的联系,以及生存条件对动物的繁殖、生活、数量及分布的意义"[4]。1971年,美国生态学家E. P. Odum表示生态学从本质上而言,就是以生态系统为主体,探讨其结构和功能的一种科学。马世骏先生表示,生态学是一门综合性学科,主要是分析研究生命系统和环境系统的相互关系和作用机制。

生态学在不同的发展时期、不同的研究领域有着不同的内涵。在全球人口激增、环境破坏和资源短缺问题日益突出的时空背景下,生态学研究的关注点发生了重大转移,从自然科学中的生物逐步转移到人文科学中的人类,重点关注和思考人与环境的关系。邹冬生、高志强结合前人的研究观点,同时从多学科的视角,重新定义了生物学的基本内涵,认为它是"从系统的高度研究生物与其环境之间相互作用关系的科学,其中的生物包括人类、动物、植物和微生物,而环境则包括自然环境、人工环境以及社会经济环境"。

目前,生态学研究在空间范围上由微观向宏观、注重宏观和微观结合方向扩展,时间范围上由短期线路调查向长期定位、长时段地质历史回访、长时段演化预测方向扩展,由此衍生出众多的生态学分支和不同层面的生态学

---

[1] 曹凑贵. 生态学概论[M]. 北京:高等教育出版社,2002.
[2] 曹凑贵. 生态学概论[M]. 北京:高等教育出版社,2002.
[3] 曹凑贵. 生态学概论[M]. 北京:高等教育出版社,2002.
[4] 曹凑贵. 生态学概论[M]. 北京:高等教育出版社,2002.

研究领域,如分子生态学、个体生态学、种群生态学、群落生态学、系统生态学、景观生态学、区域生态学、全球生态学等。[①]

20世纪60年代以来,为了适应多方面的应用需求,生态学在其发展过程中不断突破原有的学科界限,与其他学科交叉融汇,逐渐形成新的生态学分支学科:与基础科学结合,形成理论生态学、数学生态学、物理生态学、化学生态学等生态学分支;与环境科学结合,形成环境生态学、污染生态学、恢复生态学等生态学分支;与产业科学结合,形成产业生态学、农业生态学、林业生态学、海洋生态学等生态学分支;与工程技术结合,形成生态技术学、生态工程学、生态材料学等生态学分支;与社会科学结合,形成人类生态学、文化生态学、区域生态学、生态经济学、生态政治学等生态学分支。[②] 目前,生态学研究更加注重结合社会和生产中的实际问题,不断突破以生物学为中心的学科界限,与社会发展联系愈来愈紧密,多方面为政府解决当前社会和环境等问题提供重要决策支持和行动参考。有学者指出,现代生态学的本质是"研究生命系统的生存问题,发展的热点主要是研究人类的适应与生存问题"[③];是一门"包括人类在内的自然科学,也是一门包括自然在内的人文科学"[④];它"不仅仅是一门研究生物与环境相互关系的学科,且已成为指导人类行为准则的综合性学科,是研究生物存在条件、生物及其群体与环境相互作用的过程及其规律的科学",能够为新时代下协调与平衡人类、自然、社会发展等各要素提供具体的理论指导。

二、生态位理论

生态位(Ecological Niche)理论是生态学的重要理论之一,是物种在生物群落中的地位和作用,其中的英文"niche"一词源自拉丁文"Nidus",意为巢,后引为龛,故曾译为生态龛。目前,学术界关于生态位的定义仍然有所分歧,存在不同的表述形式,归纳如下:一是生态位是指生物在长期的生物进化中

[①] 邹冬生,高志强.生态学概论[M].湖南:湖南科学技术出版社,2007:5.
[②] 邹冬生,高志强.生态学概论[M].湖南:湖南科学技术出版社,2007:6.
[③] 毛文永.生态环境影响评价概论[M].中国环境科学出版社,2003:50.
[④] 毛文永.生态环境影响评价概论[M].中国环境科学出版社,2003:1.

以保证自身最大生存优势为根本目的,在特定时空下所获得的特定生态资源定位,具体包括生物角色、生存必需的食物、发挥的功能作用、栖息地等;二是生态位是指"生物在环境中占定的位置"①;三是生态位是指在特定社会情境下,不同物种与外在环境在长期物质交换过程中所形成的特定生物定位,包括时空位置和自身在生态群落中发挥的功能等。从不同的角度而言,生态位的分类形式也会有所差异,既能够划分为空间、营养、多维生态位三种类型,也可以分为基础、现实、理想生态位三大类。生态位的形成是生物成长过程中长期竞合、演化的结果,是各种生态因子相互影响、作用的结果。

生态位理论经历了一个形成与发展的过程。20世纪初期,Johnson率先提出了"生态位"的概念,提出"同一地区的不同物种可以占据环境中的不同生态位"②。给生态位下定义者虽然为数不少,但最具代表性的当推J·格林内尔、C.S.埃尔顿和C.E.哈钦森三人,具体表述如下③:

一是由格林内尔(1917)年提出的空间生态位。当时,该学者在重点观察与分析加利福尼亚长尾鸣禽时,参考与运用了生态位的概念,并对其做出如下解释,即"恰好被一个种或一个亚种所占据的最后分布单位",而对于这一说法,学术界归纳总结为"空间生态位(space niche)",即侧重从生物空间分布的角度解释生态位。

二是由埃尔顿(1927)年提出的功能生态位。英国动物生态学家C.S.埃尔顿基于生物群落的视角,着重阐述生态位实际上是指某一物种在"生物环境中的地位及其与食物和天敌的关系",其把生态位概念的重点转到生物群落上来,认为动物的生态位是指它在群落中的食物和天敌的关系,"强调生物有机体在群落中的功能作用"④。

三是由哈钦森(1957)提出的多维超体积生态位。英国生态学者C.E.哈钦森从更广泛的视角探讨研究了生态位,表明在特定的时空环境下,生物往往会受到空间、食物等多个资源因子的约束与限制,而在这些资源因子共

---

① 曹凑贵. 生态学概论[M]. 北京:高等教育出版社,2002:86.
② 张光明,谢寿昌. 生态位概念演变与展望[J]. 生态学杂志,1997(6):46-51.
③ 张光明,谢寿昌. 生态位概念演变与展望[J]. 生态学杂志,1997(6):46-51.
④ 林开敏,郭玉硕. 生态位理论及其应用研究进展[J]. 福建林业学院学报,2001(3):283-287.

同构成的限制区域内，能够保证该生物正常繁衍生息的环境资源组合状态则可以被看作是"多维超体积生态位"，并进一步将其分为了"基础"和"现实"两种类型。不可否认，该学者从空间、资源等多重视角对生态位展开的一系列研究，帮助后续学者更好地认识到生物在生物群落中的功能作用，极大地丰富了现代生态位理论体系。

事实上，从生态位概念提出至今，在不同的历史发展阶段，其内涵也不断地得以外延与丰富，且逐步成为生态学领域备受关注的热点课题。从实质上来看，生态位是"物种在特定尺度下、在特定生态环境中的职能地位"，它不仅能够体现物种对生存环境的基本要求，也能够在一定程度上体现物种在特定环境中产生的影响。在大多数学者看来，生态位理论实际上就是解释与探索生物与生物所处环境或生物群落两者间的关系，能够相对客观理性地剖析不同生态现象。生态位一方面揭示了某一生物物种对环境适应，并同环境协调发展的一般规律，另一方面也反映了不同生物群落在群落组建中所展示的相似性，这也造成在描述与阐释生态位定义时不可避免地会涉及种群和生物群落等生物学概念。显然，生态位理论是人们探析生态学现象的重要理论基础，为人们更好地认识与理解物种与环境的相互作用关系提供了有力的理论支撑。

三、生态位理论的应用

正如张录强在其研究报告中所说，生态位主要反映了不同生物物种、种群在长期演进发展中适应环境的客观规律，是生态学研究中不可或缺的理论基础，而且逐步被渗透至政治、经济、建筑设计等诸多领域，成了社会生产生活中的重要实践工具。随着理论研究的深入，生态位理论被广泛应用于人文社会科学中，并在原有的基础上新增了社会和经济两大影响因素，进一步丰富了生态位的内涵[①]。在理论日趋成熟的背景下，生态位的应用范围日益广泛，除了能够解释生物学现象，适用于"自然子系统中的生物"外，还能够为工业、生态规划、政治等其他领域提供理论指导。生态位理论是20世纪下半

---

① 马世骏. 现代生态学透视[M]. 北京：科学出版社，1990：72-87.

叶社会科学研究利用的一种手段，已成为其他学科引入生态学理论并集成新概念的一个"母概念"，具体包括如下几类：

1. **城市生态位**。这是生态位理论应用的重要领域之一，为分析城市之间的相互作用提供了新的视角。随着城市化建设的推进，现代社会涌现出一批城市群，而城市生态位则主要是指城市这一有机体在其所处的群落空间区域内所能获得的自然、人力等各类资源的总和，集中反映了资源的类别、数量及其在空间情境下的变化趋势等。生态位理论强调城市与城市、城市与社会、城市与自然的和谐，采取共存与错位的竞争方式，实现城市发展中的双赢和多赢。

2. **企业生态位**。企业生态位是生态位理论应用的另一重要领域，主要是指"企业在特定市场环境中所占据的位置和所发挥的作用，包括企业承担的市场生态系统的功能和价值、企业的基本特征、企业控制的环境资源三方面内容"[①]。旨在"凸显企业个性特征，直接关注企业战略与环境的关系，使生态位研究更有针对性，不会出现企业的实际生态位与其经营活动不符的现象"[②]，为企业在市场竞争中的战略规划与实施提供分析依据，同时还有利于帮助企业随着外部环境的变化有针对性地调整生态定位，以更好地抵御外部风险，提高自身发展的可持续性。

3. **组织生态位**。组织生态位是指"维持组织的一个环境资源领域，需要这些资源的组织在其中相互竞争，组织选择不同的生态位环境，会面临不同的竞争与依附关系。在 N 维空间的条件集合内，种群的成长率大于或至少等于零。一个组织种群占据一个生态位，在一定程度上它们依赖同样的环境资源。如果两个组织种群占据同一个生态位而某些组织特性不同，适应环境特性差的种群就会被排挤掉"[③]。

4. **信息生态位**。在如今各类信息高新技术当道的时代，人们的生活充斥着海量的信息。而信息生态位则是在信息技术发展到一定阶段下个体与外部

---

① 肖扬、毛显强.《城市生态位理论及其应用》,《中国人口·资源与环境》2008(5)：41-45.
② 钱辉：《生态位、因子互动与企业演化——企业生态位对企业成长影响研究》,杭州：浙江大学出版社. 2008，63.
③ 赵维良. 城市生态位评价及应用研究, 大连：大连理工大学博士学位论文. 2008，27.

信息环境共同构成的特定关系，它既是"信息人发展完善化、成熟化、健全化的内在需求的推动结果"，又是"信息人与外部环境互动纵深化、扩大化、全面化的外在影响的匹配状态"。

信息生态位是人类社会活动最基本、最基础的生态位，是"有信息需求且参与信息活动的个人和社会组织在由其他信息人、信息内容、信息技术、信息时空、信息制度等信息环境因子构成的信息生态环境中所占据的特定位置"①。

第二节 网络教育生态位的概念

生态位理论为网络教育生态系统提供了新的研究视野，有利于分析网络教育在整个社会信息系统和教育事业中的地位与作用，有利于重新思考和认识网络教育在建设与发展中存在的问题。

一、网络教育的生态属性

将生态位理论引进网络教育领域是必然的，网络教育自身所具备的生态属性，决定了其可以借鉴生态位理论展开跨学科分析。剖析网络教育与生态学之间的内在联系，能够为网络教育生态系统研究奠定生态学基础。

1. **网络教育与生态学**。网络教育是一种新型的教育资源管理组织，作为一个生态物种，其本身就是成长着的有机生命体，研究和分析网络教育生态位既是教育学研究的重要内容，也为生态学研究拓展了空间。

(1) 教育生态学研究

教育生态学(Ecology of Education)兴起于20世纪60年代，是运用生态学理论和方法探讨与研究教育现象的一门现代科学。就已有的文献资料来看，我国教育生态学研究尚处于起步摸索阶段，相关著作与论述较为匮乏。"生态学"首次引进教育学领域可追溯到1966年，当时阿什比(Ashby)在其专著《基

---

① 娄策群. 信息生态位理论探讨[J]. 图书情报知识, 2006(5): 23-37.

于英国、印度和非洲的大学的高等教育生态学研究》中提出了"Ecology of Higher Education"的概念，这也为人们探究教育现象提供了新的视角，极大地拓展了教育学研究的范围。20世纪70年代，生态学理论在教育领域得到广泛的应用，一系列教育生态学专著层出不穷，如费恩的《公立学校的生态学》等，但是这一时期的理论较为分散，并未实现系统化。后来，美国学者克雷明·劳伦斯(1976)在其专著《公共教育》中第一次系统地提出了"教育生态学"的概念，并对其展开了具体的阐释，推动了这一研究的规范化发展；随后，英国教育学家艾格尔斯顿(1977)在其论著《学校生态学》中重点考察与分析了教育资源在空间上的分布特征，丰富了教育生态学的理论体系。20世纪80年代，教育生态学实现了纵深发展，既从宏观的视角着重分析教育现象，又从微观的视角重点剖析课堂教学生态问题。总而言之，国外教育生态学研究主要集中于课堂教学生态、教育生态因子、宏观教育生态三个层面。

对比之下，我国关于教育生态学的研究相对较晚，最早可追溯的文献年限起始于20世纪90年代。如吴鼎福(1990)、任凯和白燕(1992)以及范国睿(2000)系统归纳了国外生态学和教育学相关的研究理论，编撰了《教育生态学》，标志着这一研究课题正式在我国落地，成为我国教育领域的重要理论分析工具。当然，由于国情和教育环境的差异性，因此海外学者提出的教育生态学理论并不完全适用于中国的土壤。在此情况下，随着国内教育体制的深化转型，不少学者开始积极探索具有中国特色的教育生态学研究路径。

(2)网络教育的生态特征

生态学的应用范围不断拓展，从人与自然的关系逐步延伸至"自然生态系统和人类生态系统的功能作用"①。人们开始将生态学引入组织管理学、企业管理学、信息学、传播学等学科领域，在社会运行、社会空间、社会与自然的关系中，分析和审视各领域的运行与活动，并形成相应的新兴学科。网络教育研究也引进了生态学理论和方法，先后开展了"网络教育生态系统构建研究""网络教育生态平衡研究"等一系列探索。这种跨学科研究不仅是学术研究的一种方法，一种思维创新，而且将网络教育作为有机生命体，具有生态属

---

① 梁磊，邢欣.论组织生态学研究对象的层次结构[J].科学学研究，2003(21)：38-45.

性，为引入生态学思想开展网络教育奠定了基础。

第一，网络教育的生命特征。网络教育是由人、教育资源、网络环境三大相互联系的要素构成的有机整体，它依托人类的智慧、因人的需要而建立和发展，人是网络教育中唯一的智能要素，对网络教育生态系统的生存、发展和壮大起着关键作用。我们依据仿生学观察和分析网络教育，认为网络教育与生物一样，同样具有成长性、竞争性、环境适应性和周期性等特征。但是，网络教育生态系统与自然生态系统不同，具有与自然生态系统不同的形成、演化和运行规律。从本质上而言，网络教育就是以人作为核心主体，通过与外部环境进行物质交换和资源共享而形成的"人工生态系统"。在实际发展与演进过程中，人、网络环境等不同构成要素通过物质循环、信息传递、资源共享等多种形式密切联系起来，并共同作用于网络教育，为其提供生存与发展所需要的资源要素。

第二，网络教育的组织生态特征。彭璧玉在其研究中明确界定了组织生态学的基本含义，认为它是综合运用生物学、社会学等不同学科知识，以产业经济学等理论为指导，探讨个体、组织、环境等不同要素间互动关系的一门现代学科[1]。组织生态系统是"一个由人、组织（活动）、环境共同构成的复合系统"，同样也具有成长性、竞争性、环境适应性和周期性等特征。网络教育则是传统教育在信息时代下的特有产物，是信息技术发展到一定阶段而形成的新型教育组织机构，它可以分为网络教育个体、种群、群落，它们共同组成网络教育生态系统，具有内在组织结构，包括人（助学者、管理者、学习者）、教育信息资源、网络环境等各种生态因子，而且各因子间相互作用、相互影响。网络教育生态系统是社会系统中的重要构成部分，具有组织生态属性，这决定了其能够运用组织生态学理论和科学方法，探讨与研究不同生态因子（人、网络环境等）的相互影响关系。

第三，网络教育的信息生态特征。信息生态学是"研究人类生存的信息环境、社会及组织（企业、学校、机构等）与信息环境相互作用的过程及规律的科学"。引入生态学理论研究人、人类社会组织与信息环境之间的关系，已成

---

[1] 彭璧玉. 组织生态学理论述评[J]. 经济学家，2006(5)：111-117.

为生态学应用的领域之一,强调从"信息环境与人及社会组织之间的互动关系来开展研究"①,是社会信息系统的构成部分。在当前信息技术迅猛发展的社会形势下,网络教育信息生态系统涵盖了海量的教育信息;与此同时,在特定的数字化环境下,网络教育也随着信息技术的发展而逐步具备信息生态属性,通过与外部环境系统的资源交换和信息共享而建立起社会联系。正因如此,学者们能够运用信息生态学理论,深入剖析与挖掘网络教育的一般运行规律,重点考察其与外部社会环境系统的相互作用关系。

2. 网络教育生态构成。个体、种群、群落和生态系统是生态学四个不同层次的研究对象。其中,个体是生态学研究的最低层次的有机体;种群是栖息在同一地域中同种个体组成的复合体;群落是栖息在同一地域中的动物、植物和微生物组成的复合体;生态系统是一定空间中生物群落和非生物环境的复合体。② 个体。生物个体是"具有一定功能的生命系统,一般是由多细胞组合构成其组织和器官,再构成完整的生物个体"。③

种群。生物种群是"指在一定的时间和空间区域内生活和繁殖的同种生物个体所组成的群体。种群虽然由同种生物个体组成,但种群内的个体不是孤立的,也不等于个体的简单相加,而是通过种群内关系组成的一个有机整体"④。种群是物种在自然界存在的基本单位,在空间上占据一定的分布区,在数量上可以通过种群密度和生物量实现定量计算。

群落。群落是指在一定时间内,居住在一定区域或环境内组成的有规律的一种结构单元,可分为植物群落、动物群落和微生物群落三大类。群落是生态学中最重要的概念之一,强调的是在局地自然界中共同生活的各种生物种群有机地生栖共处。⑤

生态系统。生态系统是指"在一定范围内由生物群落的一切有机体与其环境组成的具有一定结构和功能的综合统一体",它由生物部分的生产者、消费者、分解者和非生物部分的环境组成,具有自身的物种结构、营养结构和空

---

① 蒋录全. 信息生态与社会可持续发展. 北京:北京图书馆出版社,2003:140.
② 牛翠娟等. 基础生态学(第二版)[M]. 北京:高等教育出版社,2007:2-3.
③ 毛文永. 生态环境影响评价概论[M]. 中国环境科学出版社,2003:1.
④ 毛文永. 生态环境影响评价概论[M]. 中国环境科学出版社,2003:2-3.
⑤ 毛文永. 生态环境影响评价概论[M]. 中国环境科学出版社,2003:12.

间结构。① 生态系统既强调生物与生态环境的不可分割性,也强调生物与非生物的和谐统一性。

在网络教育研究上,首先我们要明确网络教育是一种人工或社会生态系统。运用仿生学,其研究对象可分为网络教育个体、网络教育种群、网络教育群落、网络教育生态系统。

(1)网络教育个体。即微观上的具体的网络教育组织,具有自身的独立性和单一性,可以是具体的网络高等教育(如北京大学网络教育学院、山东大学网络教育学院等),可以是职业认证培训(如英语类考试远程培训、新东方在线、会计类考试远程培训、中华会计网校、综合类考试远程培训、环球网校等),也可以是具体的企业网络培训教育(如中国邮政网络培训学院等)等。

(2)网络教育种群。即同类网络教育组成的网络教育群体,根据网络教育的自身属性,可以分为网络基础教育种群〔基础教育是指高中以下的教育。基础教育包括学前教育(幼儿园)、初等教育(小学)、中等教育(初中、中专、高中)三个阶段。中专、职业高中也属于中等教育〕、高等网络教育种群、职业认证网络教育种群、企业培训网络教育种群等,它是分析同类网络教育建设与发展的基本单位。

(3)网络教育群落。即同一地区内各类网络教育综合组成的网络教育复合体,如山东地区的网络教育机构,即包括山东范围内各高校高等网络教育、各类职业认证网络教育、各个企业培训网络教育等组成的区域性网络教育,它是研究区域网络教育事业发展状况和运行状态的基本对象。

(4)网络教育生态系统。即一定区域内各类网络教育与环境共同组成的网络教育复合体,它既可以研究微观上的网络教育个体,也可以研究宏观上的网络教育群体。

网络教育的生态构成涉及个体、种群、群落以及生态系统四个层次,各层次的分析对象、分析重点、生态因子不尽相同。因此,在分析网络教育生态系统时,需要确立其研究范围和研究对象,本书研究侧重于对网络教育个体和种群进行分析。

---

① 毛文永.生态环境影响评价概论[M].中国环境科学出版社,2003:30-32.

二、网络教育生态位的内涵

在生态学中,生态位与生物所处的环境直接相关,主要是指"特定生态系统中,生物(可以是个体、物种、种群)与环境及其他生物相互作用过程中所形成的相对地位与作用"[①]。从现有的文献来看,学者们普遍认为生态位具体可分为两大类:一是基本生态位,即不考虑竞争和物竞天择情况下的生态位,是一种理想环境下物种生存与发展的相对地位,主要受物种变异与环境适应能力两大因素的影响;二是现实生态位,即生物物种或群落在自然生态系统中长期生存与竞争中而形成的相对地位,充分考虑了适者生存、物竞天择等自然客观条件,主要受生物与外部环境相互关系、生物群落间的竞争等因素的影响,是在实际生态系统中通过竞争形成的生物生态位,它不仅可以解释"生物多样性的问题"[②],而且可以"引申出竞争不相容原理(高斯假说)"。总体而言,生态位理论主要表达了如下两大观点:一是它侧重于分析研究不同生物群落在特定自然环境中所处的空间位置,以及发挥的功能作用等;二是生态位反映了生态系统结构的秩序,体现了生物与客观环境间的关系,而自然生态系统则是基于这种结构秩序完成物竞天择、优胜劣汰的自然选择活动。

在组织生态学领域,组织生态位主要是指组织在与外部环境进行物质交换、资源互动后所形成的一种相对状态。在不同的社会环境中,组织为了实现可持续发展,会不断地汲取生存所需要的资源要素,面临着不同的竞争与适应关系。在信息生态学领域,信息生态位主要是指在特定的信息环境中,信息人通过资源传递、信息收集等与外部环境或其他信息人交流互动而形成的相对地位。在企业生态学领域,企业生态位具体可从如下两方面分析:一是宏观企业生态位,即整个企业种群在特定时空环境下所处的相对地位,侧重于在明确划分环境中不同企业种群的基础上,探讨分析研究企业群体与个体的生态发展状况,从宏观的视角深入剖析其微观的内在联系;二是微观企业生态位,即不同企业个体在企业群体中所处的相对地位,倾向于考察研究

---

① 张真继,张润彤等. 网络社会生态学[M]. 北京:电子工业出版社,2008:256.
② 钱辉. 生态位、因子互动与企业演化——企业生态位对企业成长影响研究[M]. 杭州:浙江大学出版社,2008:60.

企业个体与外部环境或其他企业单体之间的互动联系和影响机理，从微观的视角探索不同企业单体间的发展规律，或者从个体到一般，在充分把握企业单体发展特征和规律的基础上，推导出企业种群的整体生态特征。

本书以生态位理论为基础，结合组织生态位、信息生态位、企业生态位的内涵，依据网络教育建设与发展的客观实际，将网络教育生态位定义为：网络教育(个体、种群、群落)在特定时空情境下，在教育信息资源规模、教育基础设施建设等诸多因素的影响下，在社会系统中所处的相对地位和功能作用。

网络教育生态位内的涵具体包含以下几个方面：

1. 网络教育生态位具有层次性特点，存在网络教育个体生态位、网络教育种群生态位、网络教育群落生态位等多个层次，且表现出不同的生态特征。在资源规模、基础设施、服务能力以及服务影响上也不尽相同，相应的社会地位、行业地位、专业地位也不同，因而形成的生态位也必然不同。

2. 网络教育生态位的高低取决于生态位主体的综合实力，也取决于其参照对象实力的大小。一般来说，综合实力强的网络教育，其生态位相对较高，反之亦然。

3. 网络教育生态位涉及内容广，分析时需要考虑多方面因素，如网络教育信息资源的规模、服务能力、基础设施等软硬件条件以及其所处的生存环境状况等。为此，具体分析网络教育生态位时，必须明确其范围和外延大小。

网络教育生态位同生态位理论一样，也存在理想生态位和现实生态位。理想生态位是分析网络教育(个体、种群、群落)在社会组织、社会信息系统中的理想位置与功能的重要指标；现实生态位是分析网络教育在社会层面、行业层面以及专业层面等时空区域内的现实地位与作用的重要指标。

三、网络教育生态位的定位

韩庆祥在利用生态位理论分析浙江义乌经济发展现象时指出：对一个企

业来说，生态位就是其自身具有的特殊优势，具体表现在[①]：一是自觉在符合自身生存要求和能力条件的环境下生存；二是根据自身的资源条件、发展状况、个性需求寻求发展；三是根据外部环境的变化调整目标和方向，以寻求可持续发展；四是在自己的能力范围内进行资源交换或运行。在经济发展的环境下，企业生态位并非一成不变的，如若企业未能根据外在环境的变化而及时调整自身的相对位置，找准生态位，那么就会逐步丧失竞争力，并最终被市场淘汰。生态位要求企业在发展过程中必须要确保自身与外部环境相适应，要采取共存、错位的竞争手段，实现与其他企业个体的共赢。为此，我们在具体分析网络教育生态位时，需要充分考虑网络驾驭的自身优势，确定自身的生态位定位。网络教育生态位定位是指网络教育依据自身综合优势在社会组织系统中的实际生态位，也是网络教育在所处环境中的生态位选择。参照生态位理论及其应用，结合网络教育建设状况，可以从网络教育生态位的内部定位和外部定位两方面来具体分析。

  1. **网络教育生态位的内部定位**。网络教育生态位的内部定位是基于教育事业内部视角的生态位定位，仅限于教育行业，具体涉及网络教育个体、种群、群落在教育事业系统中的生态位定位，主要是从整个教育事业系统的角度出发，分析网络教育在教育事业发展中的地位与作用，明确网络教育在整个教育事业系统中的实际生态位。网络教育是教育的发展方向，其极大地拓展与强化了传统教育的功能，显著提高了教育的社会地位和社会价值，同时还能使教育管理水平和服务能力大幅提升，以此推动教育事业高质量发展。网络教育在整个教育系统中具有十分重要的地位和作用。

  2. **网络教育生态位的外部定位**。作为自然生态系统的重要构成部分，网络教育生态系统既属于教育系统，也属于社会生态系统。其中，前者是社会生态系统的构成要素，而后者则是自然生态系统的构成要素，由此构成了图2-1，从中可以直观地了解到网络教育生态位的外部定位。

---

① 韩庆祥. "生态位"与"思想流"—谈义乌适者与强者的辩证法[J]. 信息导刊, 2004(17): 46-47.

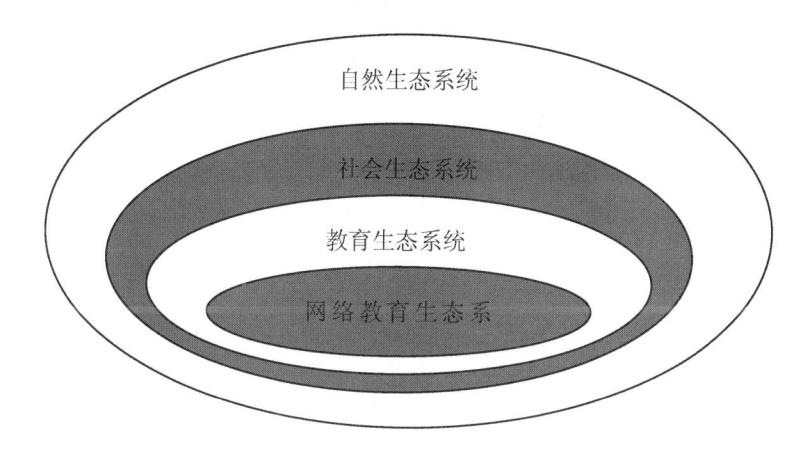

图 2-1　网络教育生态位的外部定位

网络教育是信息网络社会发展的重要产物之一。网络教育是一种资源性的教育，所有的教育活动都是基于教育资源完成的。网络教育以现代信息技术为基础，利用各种现代化的技术手段收集、采集、捕获有价值的教育信息资源，以网络化的方式相互联结，建立分布式、跨地域、有序的教育信息资源管理系统，实现教育信息资源共享。因此，网络教育信息是一种重要的信息资源。网络教育是保管教育资源信息的基地，同样也是社会信息管理系统的重要成员，在社会信息系统中独立性强，特色明显。

第三节　网络教育生态位的特征

分析网络教育生态位的特征，有利于我们准确把握与理解网络教育生态位的内涵，有利于推进网络教育的建设与发展，也有利于认识网络教育在社会组织系统中的位置与功能。

一、生态位的特征

根据生物进化论，任何物种在特定的环境中均会根据自身的适应能力、饮食习惯、生物习性等形成专属的生态位。不仅如此，由于生物物种不同因子的组合联系存在差异，因此其所形成的生态位呈现出多样化特征。值得说明的是，从客观环境来看，不同类型的生态位既表现出相斥性，即在环境资源较为匮乏的情况下，同一资源维度上的两个物种势必会相互竞争，最终实现优胜劣汰，又表现出相吸性，即在特定的环境空间中，两个及以上物种之间的功能作用优势互补，协调发展。通常情况下，处于同一食物链中的物种，他们之间的生态位关系较为复杂多变，而相较于优胜劣汰的竞争生态位关系而言，和谐互补的生态位关系能够规避自然生态系统中不同种群的恶性竞争，推动自然生态稳定有序、和谐健康的发展进化。

生态位理论包含着特殊、整体、协调、竞争等思想，给我们带来两点重要启示：其一，生态位提倡趋异性进化，即同一空间中的不同物种与其恶性竞争，不如不断地调整与改变自己，拓展空间中的其他资源，以此寻求更长久的发展。在生态位进化过程中，不同物种都倾向于通过优势互补取代相互竞争，以此寻求彼此的和谐稳定发展，从而实现环境资源的最大化利用；其二，生态位主张个体的进化适应，即物种要根据外部环境的变化不断地调整自我，强化自身生存能力，以此寻求可持续发展，实现适者生存。

随着现代生态学理论的发展，生态位具有"特有性、层次性、区域性、时效性、可调性、相对稳定性和定量可测性"，已经被应用到诸多领域，不同学科知识交叉融合产生了各类生态位概念和思想，如企业生态位、信息生态位等，生态位特征表现也越来越具体、丰富。企业生态位直接关系到企业产品的市场定位，竞争性表现明显；组织生态位要求组织与所处的环境之间保持适应性；媒介生态位强调要发现媒介在生态位上的优势和劣势；信息生态位则是随着信息人自身发展及其与外部环境相互作用而逐步形成的。生物生态位特征应用产生的各类生态位概念及其特征，为分析网络教育生态位特征提了理论基础，具有重要的参考价值。

二、网络教育生态位的特征

网络教育是一个新型的教育生态组织，与其他社会生态系统存在必然的联系，构成了或竞争、或互补、或支持的关系。具体来说，网络教育生态位主要表现出如下基本特征：

1. **层次性**。多种生物在所处的生态环境中协调发展，相互间层次分明，彼此之间通过生态位竞争，在生态位宽度、维度等方面形成不同层级的生态位，共存于生态环境系统中。网络教育在社会组织系统中以个体、种群的方式组成网络教育生态系统，各网络教育个体、种群由于自身的功能和作用相异，各自的生态位也表现各异。如国家级高校网络教育、企业网络教育、职业认证网络教育，在总体网络教育种群中层次分明，根据自身的属性，确定教育内容范围和提供服务对象。在社会组织环境中，不同级别、不同规模、不同类型、不同实力的网络教育承担着不同层次的社会教育任务，共同构建网络教育生态系统不同层级的有序结构，在各自生态位空间中发挥网络教育相应的社会功能。

2. **竞争性**。竞争性是生态位形成过程中的突出特点。网络教育生态位也具有竞争性特点，具体表现为内部竞争和外部竞争两方面。其中，前者主要是指网络教育个体间或种群间的相互竞争。当然，不同个体和种群的教育信息资源、功能作用等各方面均存在差异，因此他们大多数情况下构成相互补充关系，彼此竞争性较弱。后者则主要是指网络教育与其他社会组织系统的相互竞争，特别是与处在同一时空范围内的其他网络教育等社会信息系统之间具有明显的竞争性，如在社会服务功能拓展上，往往会在资源生态位、功能生态位上表现出激烈的竞争，不断地拓展各自的资源位和功能生态位空间。

3. **进化性**。网络教育生态位的进化性与其竞争性密切联系，并在生态位竞争中不断进化。竞争性强调通过与他者之间的竞争来获取自身的生存与发展，其结果或好或坏；进化性指在生态位竞争过程中自身不断地完善与发展的特征。趋异性进化"是生态位进化性的重要表现"，是不同物种在生态位发展与分化过程中，倾向于在功能作用、资源利用等方面以相互补充、优势互补、和谐共生替代直接竞争，从而实现彼此间的协调发展，保持生物多样性的同时，达到环境资源的充分利用。网络教育在发展过程中不断地进化、成长和变异，不断地拓展功能，正是这种"趋异性进化"特征的直接体现。网络教育在社会组织系统环境中，依据自身的资源优势，充分发挥信息人的积极性，在生态竞争中不断优化教学资源，提升管理水平和服务能力，不断进化，提升自身的生态位，推动网络教育不断发展、成长和变异，以更好地适应社会组织系统环境的变化。

4. 融合性。融合性是生态位竞争的另一种表现形式,也是生态系统环境中生态因子之间和谐共生的体现。网络教育生态位的融合性包括内部融合和外部融合两方面内容。内部融合主要表现为网络教育个体之间、种群之间以及群落之间,在生态位形成过程中能相互协调,没有为争夺生态位而表现出激烈的冲突和竞争性,而是各种网络教育在功能与作用上存在着相互补充、相互支持的关系,在社会组织系统中能相互配合、共同发展。外部融合突出表现在网络教育与其他社会信息系统能相互协调、和谐共生,共同组成社会信息生态系统,信息生态系统是指"在一定的信息空间中由于信息交流关系而形成的人、人类组织、社区与其信息环境之间由于不断地进行信息交流与信息循环过程而形成的统一整体。在该系统中,信息生产者、传递者、分解者和消费者与外界环境之间的资源交换和信息传递,共同构成了信息生态循环。"网络教育在功能生态位、资源生态位上与其他信息生态系统之间虽然存在着一定的交叉重叠现象,但相互间的差异是明显的;在激烈的生态位竞争中网络教育要与其他信息系统之间相互协调、逐步融合、互通有无、取长补短,共同推动社会信息系统的不断成长与发展。

5. 相对性。相对性是网络教育生态位的显著特征之一。生态位实际上是指某一物种或种群在特定时空环境中所形成的相对地位。在生物进化过程中,无论是物种的功能作用,还是在环境中所处的空间位置,其都是相对于自然生态系统中其他物种而言的,而这也正是生态位相对性的具体体现。网络教育生态位的相对性主要表现在如下两个层面:一是网络教育生态位参照对象的相对性。参照的对象不同,则网络教育生态位表现的强弱就不同,如在教育事业系统中,网络教育生态位相对较强;在社会组织系统中,网络教育生态位相对较弱。二是网络教育生态位研究对象的相对性。研究的对象不同,则网络教育生态位表现的强弱就不同。如研究对象为网络教育种群,其生态位相对较强;研究对象为网络教育个体,其生态位相对较弱。在网络教育生态位确定时,需要具体情况具体分析,客观分析网络教育生态位的参照对象和研究对象,准确认识网络教育生态位。

第四节 网络教育的种群关系

生态位揭示了物种个体、种群生存与竞争的普遍规律。网络教育生态位实际是研究网络教育在社会组织系统中所处的位置与相互作用,通过对网络教育种群关系的分析,揭示网络教育个体之间、网络教育种群之间以及网络教育与其他信息组织间的关系,并在此基础上,为网络教育的稳健持续发展提供科学指导。

一、种内关系和种间关系

生态学中,不同种群和物种间的作用关系可以根据相互作用机制来识别与分辨,具体包括两大类:一是种内关系,即不同生物种群内部不同个体之间的相互作用关系。种群是由多个个体组成的,它们生活于同一时间和空间中,不可避免地要产生各种各样的相互关系和作用。根据个体之间的相互作用机制和影响,主要的种内关系可分为性别关系、竞争、合作、领域和社会等级等"[1]。性别关系是最重要的种内关系,表现得十分有趣和多样;种群内部的竞争主要是指因对资源的争夺利用而引起的不同个体之间的相互对抗、争夺状况和行为;动物种群中的合作是互惠甚至是利他的行为[2];领域则是指

二是种间关系,主要是指:"不同物种种群之间的相互作用所形成的关系,从性质上可简单地归纳为两类:一类是互利的,即两个物种的个体之间相互帮助、相互依赖而生存;一类是对抗的,即一个物种的个体直接杀死另一个物种的个体。"[3]通常情况下,两个种群之间构成的关系,既可能是竞争的、有害的,也可能是互补的、有益的。相互作用的结果分为三类:第一,中性作用,即两个种群之间的联系尽可能忽略不计。根据马克思主义理论,世间万物都不可避免地存在某种联系,因此生物系统中种群间的中性作用是

---

[1] 周长发. 生态学精要[M]. 北京:高等教育出版社,2010:128.
[2] 周长发. 生态学精要[M]. 北京:高等教育出版社,2010:128-154.
[3] 毛文永. 生态环境影响评价概论[M]. 中国环境科学出版社,2003:10.

相对而言的。第二，正相互作用，具体包括偏利共生、原始协作和互利共生。仅对一方有利称为偏利共生；对双方都有利则称为互利共生；原始协作被看作是共生的特殊表现形式，即两个及以上种群间相互交换资源、互相利用，建立起一定的弱联系，从而共同在同一自然生态系统下生存与发展。当然，值得说明的是，即便种群间的协作关系停止，两个种群的生存也并不会受到实质性的影响。第三，负相互作用，包括竞争、捕食、寄生和偏害等。种间关系的类型见表2-1。

表 2-1 种间关系的类型[①]

作用类型	物种 1	物种 2	一般特征
中性作用	○	○	两个种群彼此不受影响
偏利作用	+	○	种群1是偏利者，种群2无影响
互利共生	+	+	相互作用对两种都有利
竞争	-	-	两个种群竞争共同资源而带来负影响
捕食作用	+	-	种群1是捕食者，种群2为被捕食者
寄生作用	+	-	种群1是寄生者，种群2为宿主
偏害作用	-	○	种群1受抑制，种群2无影响

注："+"表示对存活或其他种群特征有收益；"-"表示种群生长或其他特征受制约；"○"表示无关紧要和没有意义的相互影响。

二、网络教育与传统教育的关系

网络教育是在传统教育基础上发展起来的，在信息化的推动下迅速成长，种群形态逐渐显现。网络教育种群与传统教育种群是一种依附、寄生的关系，也是传统教育发展演化中的新变异。传统教育的一些优秀的教育思想和教育模式，将会在网络教育中得到继承和发扬，如传统教育的计划性、目的性、组织性强；传统教育注重对青少年进行人生观、道德观、价值观的教育等。从某种意义上说，网络教育是对传统教育的继承和发展。当然，两者是有区

---

① 毛文永. 生态环境影响评价概论[M]. 中国环境科学出版社，2003：10.

别的。现阶段，网络教育与传统教育共生共存，属于互利共生关系，通过生态位竞争实现共同发展，形成一个"你中有我、我中有你"的局面。网络教育具有许多传统教育所不具备的功能，弥补了传统教育资源的不足，从而实现个性化学习和创新培养。因此，网络教育对现代教育的影响是广泛的、深远的。教育现代化是一个随着时代变化发展的动态过程，它既具备传统教育的一般属性，又通过信息技术的发展及其在教育领域的应用而实现新的发展突破。网络教育依托互联网平台和强大的信息技术，实现了学校教育管理和教育评价的信息化、数字化，这对于我国实现基础教育的普及，加快我国教育强国目标的实现等具有重要意义。与此同时，相较于传统教育而言，网络教育的受惠面更为广泛，它能够有效克服教育资源分配不均的问题，为每一个人提供平等的教育机会，实现教育公平。随着信息技术的进步、教育事业的发展，传统教育种群的生态位会逐渐削弱，甚至被替代，传统教育种群会逐步变异，向网络教育种群转型；网络教育种群在激烈的生态位竞争中将逐渐壮大，替代传统教育，成为独立的种群系统，在社会组织系统中拥有无可取代的生态位。

三、网络教育个体间的关系

网络教育种群是在网络教育个体的成长与发展中逐步壮大的，分析网络教育个体之间的关系是网络教育生态位研究的重要内容。借鉴生物种内关系与种间关系的考察，网络教育个体之间的关系实质是网络教育的种内关系，主要表现为种内的合作与竞争，具体包括同种同级别网络教育间的关系和同种不同级别网络教育间的关系两类。同种同级别网络教育间的关系，如高等网络教育和职业认证网络教育，它们之间是种内合作竞争、领域性关系。彼此之间在生态位上没有交叉重叠，占据区域空间不同，服务范围不同，表现出明显的领域区别。高等网络教育主要提供非学历的专业选择，或者专升本等，从而获得国家承认的文凭，在空间上具有相对独立性。职业认证网络教育以提供职业技能培训、各种考试辅导、职业认证为主，在空间上同样具有相对独立性。作为同种同级别的网络教育，它们之间不仅表现为明显的领域性关系，而且客观上存在着业务上互相学习，建设上互相借鉴，资源上互相共享；同时内在表现为一种竞争状态，在政策、研究项目等方面相互竞争，通过竞争不断成长，促进网络教育种群的成长与发展。同种不同级别网络教育间的关系，如省级网络教育服务体系和国家级网络教育服务体系，它们之间是种内合作、等级关系。作为同种不同级别的网络教育，它们之间不仅存在着资源建设上、功能拓展上的业务合作关系，通过共享促进各自成长与发展；而且存在着上下级之间指导与被指导的等级关系。山东省网络教育对济南市网络教育的建设与发展具有业务上的指导，在政策、资金、业务管理等方面要给予支持，而作为下级的济南市网络教育要自觉接受、配合山东省网络教育的业务指导与管理。同种不同级别的网络教育在行政级别上的等级性不容忽视，下级网络教育要充分尊重上级网络教育在业务上的指导意见，主动与上级网络教育沟通、协调。

四、网络教育种群间的关系

网络教育种群之间的关系是典型的生态学种间关系，它们之间主要表现为"正相互作用"类型，具有偏向"互利共生"的关系特征。目前，网络教育种群在建设和发展中逐渐成长与壮大，其成长与发展程度关系到网络教育整体在社会组织系统中的空间与地位。在教育信息化建设的推动下，网络教育建设备受重视，发展迅速，这离不开国家的支持和社会的推动，也离不开网络教育种群间的协同合作、互利互惠，共同面对网络教育发展中存在的问题。不同种群的网络教育个体通过合作竞争，取长补短，呈现出正相互作用，共同推动网络教育的成长，促进网络教育种群的发展。

第三章　网络教育生态系统的结构与功能

教育生态系统的结构与功能研究是本书研究的主体内容。本章引入生态系统理论，将网络教育视作一个有机的生态系统，综合运用教育学、管理学、社会学、生态学以及信息学等方面的知识，分析网络教育生态系统中的各生态因子及其相互关系，建构网络教育生态系统结构，探究网络教育生态系统的特点和功能，以期为网络教育研究提供新视域。

第一节　网络教育生态系统的概念

基于系统论的视角，深层次地探讨网络教育生态系统的内涵，有助于我们深入分析网络教育生态系统的结构，科学阐释网络教育生态系统的功能，为网络教育生态系统研究奠定基础。

一、生态系统

1. **生态系统的概念**。生态系统（Ecosystem）是生态学的核心概念之一。英国生态学家坦斯勒（A. G. Tansley，1871—1955）于1935年首次对生态系统的概念给予界定，表示其是不同生物共同构成的有机整体，也是人为创造的各类环境要素的复合体。在现实生活中，生物和环境相互作用与联系而形成了自然系统，而"正是这种系统构成了地球表面上具有大小和类型的基本单位"，也就是我们所说的"生态系统"。该概念强调了生物与环境之间的密切关系。

美国 R. Lindeman 等学者则在前人研究的基础上，对生态系统的概念予以补充完善，明确表示它是在特定的时空情境下，生物、外在物理环境等各要素相互联系、彼此作用，通过物质交换、能量流动等多种形式，而形成的由不同生物构成的功能单位[①]。生态系统的内涵主要包含以下几项内容：生态系统是客观存在的实体，即是在特定时空范围和情境中而客观存在的物质；生态系统是由生物与物理环境共同构成的有机生命体，呈现出生物多样性特征；生态系统处于动态之中；生态系统对于外界的变动或干扰应具有调控能力。[②] 生态系统实际上主张生物与环境存在必然的联系，两者不可分割。生态系统有大有小，是一个相对的概念，一片森林、一块草地、一块农田、一片湖泊、一条河流，甚至一个村庄或城镇等都可以看成是一个生态系统。小的生态系统可以联合成大的生态系统；与此同时，简单的生态系统也可以通过演进、重组、变换而构成复杂的生态系统。生态系统的主要类型有森林生态系统、草原生态系统、淡水生态系统、湿地生态系统、人工生态系统、农业生态系统、城市生态系统等。

2. 生态系统的结构。自然生态系统由生物部分与非生物部分两大部分组成，生物部分主要包括生产者（植物群落）、消费者（动物群落）和分解者（微生物、真菌等），非生物部分包括无机物质、有机物质以及气候因素等。生态系统结构如图 3-1 所示。

(1) 生物部分。在生态系统中存在着不同生态位的生物，他们所扮演的角色、发挥的功效各不相同，具体可分为生产者、消费者和分解者三大类别，具体如图 3-1。[③]

---

① 刘增文，李雅素，李文华. 关于生态系统概念的讨论[J]. 西北农林科技大学学报（自然科学版），2003(6)：204-208.
② 蔡晓明. 生态系统生态学[M]. 北京：科学出版社，2000：12.
③ 尚玉昌. 普通生态学（第三版）[M]. 北京：北京大学出版社，2010：372-373.

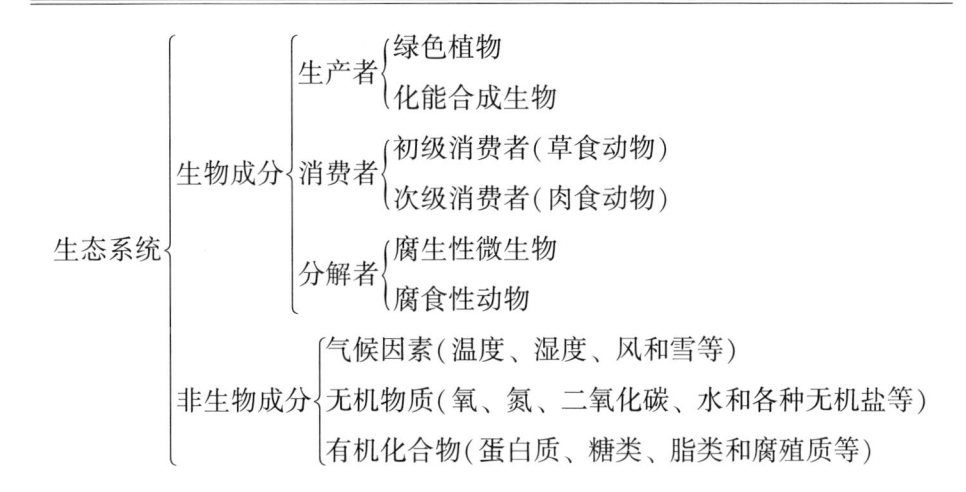

```
              ┌          ┌生产者┌绿色植物
              │          │     └化能合成生物
              │生物成分  │消费者┌初级消费者(草食动物)
              │          │     └次级消费者(肉食动物)
              │          └分解者┌腐生性微生物
生态系统      │                 └腐食性动物
              │          ┌气候因素(温度、湿度、风和雪等)
              └非生物成分│无机物质(氧、氮、二氧化碳、水和各种无机盐等)
                         └有机化合物(蛋白质、糖类、脂类和腐殖质等)
```

图 3-1　生态系统结构示意图[①]

生产者主要是指能够利用自然环境中存在的各类无机物质，自给自足的生物，既包括能够进行光合作用的绿色植物，也包括蓝球藻等细菌。生产者是生态系统中最基本、最关键的成分，它在生物群落中起基础性作用，是整个生态系统中的能量来源。

消费者是指以初级生产的产物为食物的异养生物，范围十分广泛，包括所有的动物和少量微生物，主要是通过猎捕、寄生等多种形式存在于自然生态系统中，是能量流动的载体。这类生物又以其取得食物的顺序不同而分为食草动物与食肉动物两类。

分解者，是一种以分解自然生态系统中有机质的异养生物，以腐生动物、真菌等为主，在生态系统的物质循环和能量流动中占据重要作用，是生态系统中不可缺少的组成成分。

（2）非生物部分。非生物物质是否参加生态系统的组成，要看它是否能被生物有机体所利用或对生物有机体产生影响，非生物部分可以分为气候因素、无机物质、有机化合物三类。气候因素主要包括温度、湿度、风和雪等；无机物质包括处于物质循环中的各种无机物，如氧、氮、二氧化痰、水和各种

[①] 毛文永. 生态环境影响评价概论[M]. 中国环境科学出版社, 2003: 31.

无机盐等；有机化合物包括蛋白质、糖类、脂类和腐殖质等。①

食物链和食物网是物种与物种之间的营养关系，是生态系统结构内容的重要组成部分，为生态系统结构要素建立各类联系。生产者主要是通过进食或被消费者食用的形式实现能量流动和物质交换，而各种生物则按照其能量流动的顺序构成了生态系统食物链②。值得说明的是，生态系统中的生物链是很复杂的，具体表现在生物的进食类别多种多样，即它能够以不同的生物作为自身生存所需要的食物，而同一种生物也面临着被多种消费者进食的局面。因此，在"生态系统的生物成分之间通过能量传递关系存在着一种错综复杂的普遍关系，这种关系像是一个无形的网把所有生物都包括在内，使它们彼此之间都有着直接或间接的关系，这就是食物网"。食物网在保持生物多样性，维持自然生态系统稳定性的同时，也加快了自然生物进化的步伐，促进整个自然系统不断向前演进发展，而以营养为载体，基于能量流动形式将不同生物与环境密切联系起来的结构则被统称为"生态系统的营养结构"。

目前，生态系统已经成为生态学中最受人们重视和最活跃的研究领域，它是生态学研究的最高层次，经历了从简单到复杂，从无序到有序状态的演进，表现出自适应性、自我调节性等诸多特征，具备能量流动、物质循环、信息传递三大基本功能。对生态系统内涵与结构的简要分析，使我们在宏观上对生态系统的内涵有了直观的了解，微观上对生态系统的结构组成有了清晰的认识，有利于我们借鉴生态系统理论研究和分析网络教育生态系统的结构与功能。

二、网络教育生态系统

1. **相关研究**。网络教育生态系统与技术生态、信息生态等研究密切相关，具体表述如下。

（1）系统科学。系统科学是探索系统的存在方式和运动规律的学科，涉及范围较为广泛，包括系统论、信息论、运筹学、博弈论、耗散结构理论、协

---

① 尚玉昌．普通生态学(第三版)[M]．北京：北京大学出版社，2010：372-373．
② 周长发．生态学精要[M]．北京：高等教育出版社，2010：251．

同论、生命系统理论等。系统科学能从各种角度探索不同的系统及其具体应用。柏智勇曾表示，从运行机制和作用机理来看，生态系统具备系统科学领域研究的所有系统所需要的各类构成要件，这从侧面反映了在揭示与探索生态系统发展与演进规律时，能够运用系统论、信息论等系统科学理论知识；另外，从实践应用来看，以系统科学理论为指导，从工程技术、社会科学等多种视角探索与分析生态系统，是切实可行的。作为学科交叉碰撞研究的产物，网络教育态系统概念的提出为我们认识网络教育供了契机，同时也拓宽了我们的研究视野，有助于从生态学的角度、从系统论的高度，全面、系统、综合地认识网络教育。

（2）技术生态系统。源于对传统工业技术所带来的资源环境紧张问题，技术生态在20世纪80年代就引起了西方国家的关注，人们逐步认识到需要从技术创新入手来解决资源紧缺和环境污染问题，改变目前技术的发展方向，使技术迈入生态化发展的轨道。当今社会，为了改变传统技术的发展观，协调人与自然的关系，推动经济社会的可持续发展，人们对技术生态问题的重视程度日渐增强，技术生态化趋势开始呈现。技术生态化反映了"技术的生态转向，是技术发展的一种趋势，它将生态学引入技术，目的在于保护生态环境，实现人与自然、人与社会更加和谐有序地发展"[1]，通过"政府调控、市场拉动、公众推动、伦理导引等方面形成强制、规范、引导技术生态化发展的社会力量，相互渗透、相互促进、协同作用，有目的地塑造相应的社会条件……规范、引导和控制以实现技术的生态化发展"[2]，为人类创造健康美好、持续发展的未来。

在信息科学前沿领域，技术生态问题也备受重视。2011年8月，谷歌公司宣布收购摩托罗拉移动公司，谷歌CEO拉里·佩奇（Larry Page）称："摩托罗拉移动在发展过程中始终致力于发展Android平台，因此对其进行收购是符合双方互利共赢这一利益诉求的。合并后，我们将为用户带来更出色、更极致的用户体验，通过双方优势的高度整合，有效强化整个Android生态系统，

---

[1] 姜小兰. 技术生态化的社会建构究[D]. 西安：西北农林科技大学，2010：5-10.
[2] 罗天强，黄涛，李锐锋. 技术生态化及其社会系统控制[J]. 系统科学学报，2006（1）：58-62.

以此创造用户、合作伙伴和开发人员共赢的局面"。谷歌公司从生态系统高度来认识 Android 系统，表明在信息科学前沿领域，人们已经意识到从生态系统的角度来思考信息技术研究与开发的重要性，是技术生态问题在信息科学领域的直接反映。信息技术的广泛应用推动了教育信息化，给教育带来挑战的同时，也为教育事业带来了新的发展机遇，特别是网络教育的出现和发展，使教育工作不仅涉及计算机技术、网络技术，而且还涉及多媒体技术、通信技术等多种现代技术，技术特征十分明显。技术生态系统的相关研究为我们认识与分析网络教育生态系统提供了重要启示。

  2. **网络教育生态系统的定义**。网络教育是指根据社会的需要和人的社会需要，在一定的教育思想、教育理论指导下，借助于因特网实施的有目的、有计划、有组织的，皆在促进学生和教师等健康、快速、持续发展的教育。[①]本书在网络教育研究中引入生态系统理论，提出"网络教育生态系统"这一概念，并将其界定为："网络教育生态系统是指网络教育空间范围内的人和教育环境相互作用而形成的统一复合体。"总而言之，网络教育生态系统主要是运用生态学理论和方法，探讨与分析网络及教育的发展规律，探索其运行机制和内外部不同要素的相互关系，可以从如下两方面深刻理解其基本含义。

  (1)网络教育生态系统是一个不可分割的整体。它以整体的观点，将人、信息资源、环境等要素组成网络教育。在实际研究过程中，我们除了要探究其构成要素的结构，也要深入分析不同元素的本质特征及其相互关系，更要基于生态学的视角，挖掘与探索不同要素间以及各构成要素与环境间的物质循环、能量流动、信息传递、价值转化的格局和过程。

  (2)网络教育中的人与生存环境通过相互协调，达到功能上的统一。任何一个系统都是动态发展的系统，系统的稳定是在动态协调基础上的总体稳定，网络教育生态系统也不例外。在网络教育的形成与演进过程中，需要人作为其强大的支撑力量，也需要外部环境因素的调节。也就是说，网络教育的发展依赖于人的主观行为主导和环境的自我调节，以及双方的相互促进，只有这样，才能够确保网络教育生态系统始终保持有序的状态正常运转。

---

① 马治国. 网络教育本质论[D]. 哈尔滨：东北师范大学，2003：221-222.

第二节 网络教育生态系统的结构

结构是分析网络教育生态系统的基础。因此，有必要对网络教育生态系统的结构展开深入研究，充分把握与了解其特征和功能，为网络教育生态系统的运行、建设和管理提供分析路径。

一、生态因子

生态因子是生态系统组成结构中的基本元素，各类生态因子通过协同作用，使生态系统得以正常运转，发挥现实作用。生态因子是指"环境要素中对生物起作用的因子，如光照、温度、水分、氧气、氧化碳、食物和其他生物等"，它是生物学中的基本概念之一，也是分析生态系统结构组成的起点，常应用于分析生物个体或群体。在生物系统中，不同生态因子既会因为自身的自有属性而对环境施加影响，又会因为与其他因子的相互作用而共同影响环境；与此同时，各个生态因子会因为自我调节能力而努力适应生态变化，也会因为与其他因子的物质交换等而不断强化自我适应能力。总体而言，一个完整的生态系统往往存在着不同形态、特征的生态因子，他们或相互制约、或相互促进、抑或是和谐共生，由此共同组建成多种多样的生存环境，为生物的进化与发展提供了丰富的选择。

依据生态因子的概念，我们将对网络教育生存、发展存在影响与关联的各构成要素看作是网络教育生态系统的生态因子，他们通过物质循环、能量流动等不同功能，共同作用于网络教育生态系统，促进其高效运行和稳健发展。

二、网络教育生态系统的结构

因分类标准不同，生态系统所划分的类型也各有迥异。以人类的影响作为依据，生态系统可分为自然型和人工型两大类。网络教育生态系统是以人为主体的人工生态系统，如果按照自然生态系统建构网络教育生态系统，则难以突出网络教育生态系统的"社会性""交互性""实践性"等本质。从哲学角度而言，人是具有主观能动性的客观存在体，是社会实践中必不可少的生产要素，能够通过自己的能力和一定的技术手段改造自然；而环境则是人开展实践活动的空间载体。鉴于此，我们可以推演出网络教育生态系统是由人和生存环境两大生态因子共同构成的人工生态系统，这种分类形式一方面能够突出人的主体性，又能够揭示该生态系统的基本属性。具体来说，网络教育生态系统包括网络教育生态系统主体以及网络教育生态系统客体两大部分。其中，网络教育生态系统的主体是"生命体"——人，主要由学习者、助学者、管理者等生态因子构成；网络教育生态系统的客体即"非生命体"——生存环境，主要由宏观环境、中观环境、微观环境等环境生态因子组成。通过对网络教育生态系统各生态因子的分析及其相互关系的解析，能够帮助我们建构网络教育生态系统，如图3-2所示。

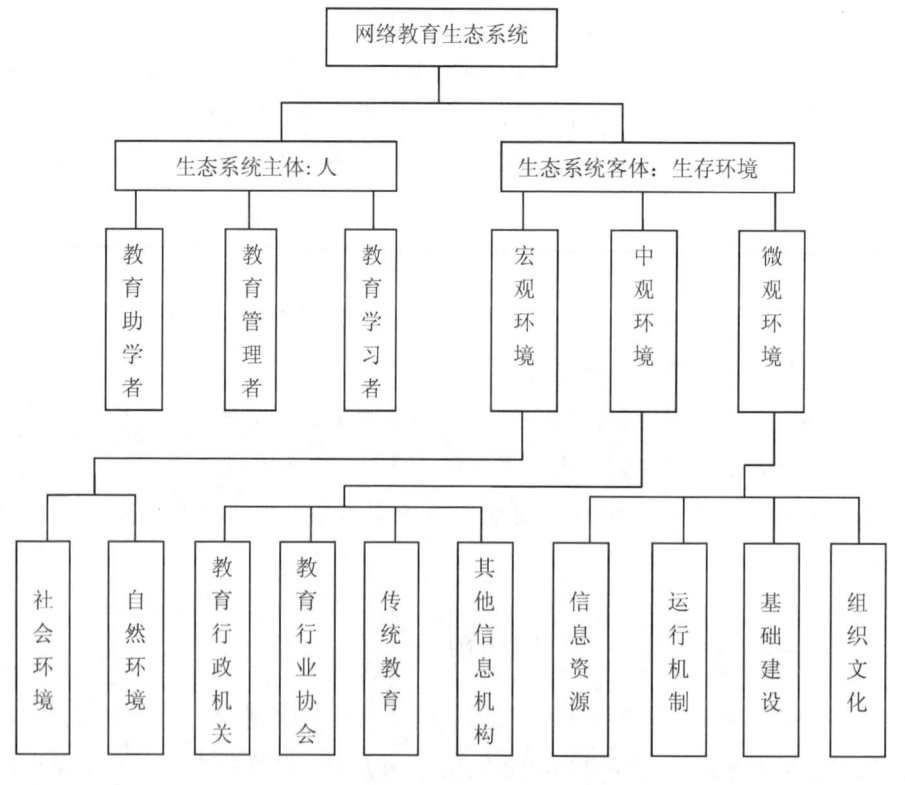

图3-2 网络教育生态系统机构模型图

第三章　网络教育生态系统的结构与功能

在研究信息生态系统时,一些学者将其结构分为人(信息人)、信息资源、生存环境(信息环境)三个部分,突出信息资源的重要性。在网络教育生态系统结构中,虽然本书没有将教育资源与主体、客体相并列,作为同一层次,但是笔者认为,教育资源仍是网络教育生态系统中最重要的生态因子,在网络教育生态系统结构中处于核心地位,第五章将专门分析网络教育生态系统信息资源的组织与建设。

1. 网络教育生态系统的主体。网络教育生态系统的主体因角色和功能作用的不同,具体可分为学习者、助学者和管理者三类。而这三种生态因子作为整个网络教育生态系统的主体部分,掌控着网络教育生态系统的一切活动,直接决定着网络教育的生存与发展。

(1)学习者。这是网络教育生态系统中的主体之一,同时也是教育教学活动不可或缺的主体。虽然同为学习活动的主体,但是网络教育中的学习者完全有别于传统教育中的学习者,具体表现在如下三方面。一是网络教育中的学习者创造能力和主动性强,往往能够根据自己的学习特征和需求自主自觉地收集与查找核心学习资源,并基于既有的认知经验,对学习资源进行再加工、再创造,从而建构新的知识体系。也就是说,网络教育中的学习者并非被动地享有与接收资源,并非生态系统中单纯的"消费者",同时还扮演着创造新知识和新学习资源的"生产者"角色。二是网络教育中的学习者构成要素较为复杂,来源相对广泛。得益于网络的无时空局限性,因此网络教育中的学习者来自全球各地,他们的文化背景、认知体系、学习能力等各方面均截然不同,所表现出的学习动机、学习需求等存在显著差异。也正是如此,相较于传统课堂教育而言,网络教育的资源建设往往面临着更严峻的挑战。三是在网络教育生态系统中,不同学习者处于不同的时空情景下,彼此之间联系相对匮乏,属于弱联系,这也难免会使得学习者在网络教育中产生较为强烈的孤立感;另外,由于缺乏班级间的交流互动,缺乏相对浓厚的学习氛围和严肃的学习环境,因此网络教育中的学习者之间通常不会建立相对紧密的师生与同窗情感联系,而这也在一定程度上加大了网络教育活动情感建设和素质培养的困难。

(2)助学者。主要包括辅助学习者学习的辅导教师、网络教育资源的开发设计者，旨在为网络教育的资源建设和各项学习活动提供有力的支撑，以强化学习效果。通常情况下，助学者主要为网络教育学习者提供两方面的支持：一是学术性支持，在此过程中，助学者主要扮演着"学习引导者"的角色，为广大网络教育学习者提供教育资源、学习反馈、理论指导等一系列教育服务，充分调动学习者的积极性，加快知识的迁移与内化；此外，助学者还扮演着"学习促进者"的角色，通过设置学习者喜闻乐见的学习议题，组织开展各种特色化交流活动，促进学习者之间的经验分享、协作学习，从而为其认知体系的丰富和学习能力的提升提供有力支撑。二是人际性支持，助学者主要扮演着"辅导者"的角色，即根据网络教育学习者面临的种种难题，为其提供相应的解决方案，同时疏导其在学习过程中烦闷、孤独等负面情绪，使其始终保持积极的状态投入于学业中；不仅如此，其还扮演着"组织者"的角色，通过将学习者按照学习需求划分为不同的小组，使他们在沟通交流中建立同窗情感，实现共同学习成长。

（3）管理者。主要是指在网络教育平台中制定管理制度和学习规则，或者维护平台正常运行的人。通常情况下，管理者在促进网络教育生态系统稳健发展、保障教育平台正常运转等方面发挥着积极作用。具体而言，管理者主要发挥如下职能作用：一是负责网络的维护运营，即管理者需要通过一定的技术手段，优化教育平台导航，保证教育资源检索的高效率和用户界面的简洁性等，以便为广大用户提供更便捷的服务，带来更优质的体验；二是负责网站的正常秩序，对于在教育平台中传播不利于学习或者不文明言语的用户，管理者有权对其予以禁言等一系列约束，以创造和谐健康、有序文明的网络教育环境；三是负责网络教育资源的更新和网络平台功能的升级，在如今的知识经济时代，教育资源生产速度快，因此管理者必须要不断地汲取与吸收新资源，淘汰掉不符合现代教育需求的陈旧资源，以此更好地促进学习者的成长发展；四是负责网络信息的分解与筛选，开放的网络教育平台充斥着各类信息，如虚假广告信息、不文明的垃圾信息等，对此，管理者必须要对信息进行筛选识别，剔除掉与网络教育不相关的冗余信息，从而净化生态环境，为学习者创造良好的教育环境。

从上述分析中可知，网络教育生态系统的主体分别对应着自然生态系统的"生产者""消费者""分解者"。其中,生产者主要是指网络教育生态系统的"辅助者",他们通过教育资源和教学活动的开发设计,将系统中的各类教育信息转变为被学习者吸收的网络教育资源,从而更好地促进教育生态系统的高效运行;"消费者"主要是指网络教育生态系统中的"学习者",他们基于自身的学习需求和能力,从海量的教育资源中选择与自身相适应的学习资源,而没有被学习者选择的资源则意味着其结构、内容与学习者的需求不相契合,那么其则会因为优胜劣汰而逐步被网络教育生态系统淘汰;"分解者"主要是指网络教育生态系统中的"管理者",他们主要是运用相应的技术手段筛除掉冗余等不符合学习者需求的教育资源,以保证网络教育环境的洁净。

2. 网络教育生态系统的客体。网络教育生态系统的客体是指网络教育生态系统赖以生存与发展的环境(即生存环境)。它属于生态学概念,而在人文科学领域则可以看作是非生物因素或除人类之外的其他生物因素的总和。网络教育生态系统的生存环境是指围绕网络教育发展而变化的,会对系统产生影响的一切外部因素的总称。

网络教育生态系统的生存环境十分复杂,可以根据不同的分类标准划分为多种类型。如以环境的可控性为依据,可分为可控与不可控环境两大类;以环境的影响作为标准,则可以分为直接型与间接型生存环境两种类型;以环境变化的趋势为分类依据,则可以分为确定型与不稳定型两类;以边界为依据,则可以划分为内部型和外部型生存环境两种类型;以空间层次作为划分标准,则可以分为宏观、中观、微观三大类。其中,宏观环境影响着整个网络教育种群,中观环境直接影响着网络教育个体或种群,而这两类环境共同构成了网络教育生态系统的外部环境;微观环境主要是指广义视角下的网络教育生态的内部环境,直接对网络教育个体产生影响。

(1)宏观环境。主要是指影响整个网络教育系统,为其创造机遇或带来挑战的环境因素,具体包括如下生态因子:

一是社会环境,即影响网络教育生态系统发展与建设的文化、技术等社会因子,其对网络教育的发展起到了决定性作用。

二是政治环境,主要是指网络教育生态系统所处地区或国家施行的相关教育政策所构成的环境,其对网络教育起到约束或促进等作用。通常情况下,对网络教育生态系统产生影响的政治因素主要包括国家信息化发展政策、信息法律文件、教育事业发展规划等。

三是经济环境，主要是指国家或地区经济发展水平、经济建设机制、消费结构、产业结构等共同构成的经济生态环境。值得说明的是，网络教育生态系统的经济环境主要是指影响网络教育生存和发展的各种经济因素，具体包括国民收入水平、政府对教育事业的财政支出、社会消费结构、技术设备、管理运营模式等。经济的发展对网络教育事业发展提出了客观要求，不仅对网络教育发展的速度、规模等提出量的要求，而且对网络教育本身的结构、产品规格等提出质的规定。

四是法律环境，主要是指系统各要素与外部环境进行物质交换和互动联系时遵循的各项规章制度、政策法规等构成的大环境。一般而言，网络教育生态系统的法律环境主要由上位法、地方法规等法律生态因子组成，其决定了网络教育的结构、发展形式，同时也影响着网络教育生态系统发展的有序性和持续性。如果网络教育生态系统的运行规则与法律相悖，则可能会造成其畸形发展。从立法角度对网络教育建设、管理等活动进行规定和约束，能够促使网络教育生态系统持续、稳定的发展。

五是文化环境，主要是指一个国家或地区的社会结构、人文风俗、教育水平、价值取向等各项社会人文因素所构成的整体环境。从实际现状而言，网络教育系统不可避免地会受到文化环境的影响，具体表现在，如果人们普遍形成了终身学习观念，那么其对网络教育的接受度就高，会主动积极地寻求网络教育资源，以增强自身的学习能力和专业技能；但是如果文化氛围不够浓厚，且当地教育事业不够发达，那么网络教育机构则很难持续招生。而且从另一个角度而言，网络教育对文化又起到传递、传播、发扬与创造的作用。

六是技术环境，即社会生存发展过程中所研发出的各项技术成果。网络教育建立在互联网平台的基础上，依托各项先进的信息技术为广大学习者提供教育资源，是信息时代下特有的产物，这也决定了网络教育生态系统与技术环境的相互关系。无论是新技术的研发，还是高新设备的运用，抑或是教育技术手段的更迭，以及社会对教育技术的投入等，均会在一定程度上影响网络教育的建设和发展。不可否认，计算机的出现彻底改变了传统的教育模式，同时也有效拓展了教育资源传递的路径，更打破了教育教学活动的时空局限性，为教育事业的发展创造了更优越的条件，提供了更广泛的可能。然而，也必须要理性认识到，这些新技术和新设备在网络教育教学活动中的应用也引发了教育资源载体的稳定性、教育信息传递的安全性等一系列问题，网络教育必须面对这些新的挑战。

七是自然环境，主要是指网络教育所处地质环境、气候环境等自然因子所构成的大环境。网络教育生态系统所在位置、教育信息保存条件等均会受到自然环境的影响，与此同时，还包括社会对教育信息的利用需求。

(2)中观环境。中观环境对网络教育生态系统的影响相对较为狭窄，但是却更加直接迅速，主要通过如下生态因子施加影响。

教育行政管理机构，主要是指管理、监督、维护国家网络教育生态系统的职能机构，具体包括国家级、省级以及地市级网络教育主管部门以及各级教育部。教育行政部门是网络教育生态环境的建构者：一是它能够利用现有的文化、社会、自然等各方面的资源条件，建构网络教育生态环境，如通过政策的制定，建构政策环境，约束和规范生态主体行为；二是它能够与行业协会等其他主体合作，共同制定技术标准和相关法律规划，通过建构良好、性能优越的技术环境，加快与全面推进先进教育技术在网络教育领域的应用，从而提高教育资源的设计开发效率，强化教育教学效果；三是它能够通过营造良好的教学氛围，通过网络文化引导，建构具有特色化的文化环境，从而强化学习者的自主学习意识，引导其对网络教育平台的应用。除此之外，教育行政部门还是网络教育生态环境的调控者：一是它能够根据社会教育需求的变化或国家宏观教育政策的颁布实施，灵活地调整网络教育生态系统的发展规划，使其更符合时代发展方向；二是它能够通过加大对网络非学历教育的政策扶持，鼓励与引导各大网络教育机构开发设计相应的教育资源，从而更好地丰富区域内的教育产品，满足不同学习者的个性化需求；三是它能够通过开展国家网络教育精品课程评审活动，引导各大网络教育机构广泛与深度应用各项教育技术，从而推动网络教育生态系统的技术环境朝着更强大的方向调整。

行业协会，主要是指包括生产指导、市场调研等诸多功能于一体的社会性组织。而网络教育领域的行业协会主要是指由教育行业各大龙头企业家或教育领域的专家学者共同构成的非营利性社会团体，主要发挥如下功能作用：高效整合网络教育资源，加强不同网络教育机构和教育主体的协同合作，共同创造良性竞争、和谐发展的教育环境；与各大网络教育机构、教育行政主管部门进行沟通联系，切实提高网络教育水平；加强教育行业自律，通过政策的引导和行业标准的制定，对不合理、不正当的网络教育竞争行为予以约束，共同推动网络教育事业健康有序发展；搭建教育行业服务平台，为不同主体的沟通交流提供畅通的渠道，保证信息传递的有效性、及时性。

传统教育机构，主要是指是网络教育的合作伙伴和竞争机构。网络教育以传统教育机构为依托，是对传统教育的继承与发展。网络教育相当多的信息资源是由传统教育机构保存的教育资源进行数字化处理后转化而成的。传统教育机构与网络教育之间既可实现资源互补，又构成了一定的竞争关系。

中观环境介于宏观环境和微观环境之间，是与网络教育直接发生关系的社会力量，表现出变化速度快、影响力深远等特征，对网络教育生态系统的培育、形成、运行和发展能够产生较大的影响。

(3)微观环境。主要是指不同网络教育机构所发展运行的环境，是确保网络教育生态系统稳定运转的基本单元，主要包括网络教育的信息资源、运行机制、基础设施建设、组织文化等生态因子。

网络教育信息资源是网络教育生态系统形成、演化、运行和发展的重要基石，是该系统不可或缺的重要生态因子。从某种层面而言，网络教育生态系统运行与建设都是围绕着网络教育信息资源的生成、接收、组织、存储、保存、开发利用等展开的，网络教育如果没有优质的、丰富的、独特的、大量的教育信息资源，成为空洞的技术堆砌，就会成为"无本之木、无源之水"，失去了网络教育建设的意义。同时，网络教育信息资源的数量与质量决定了网络教育生态系统设计开发的广度和深度，同时也决定了网络教育的服务水平和服务能力。为此，网络教育生态系统研究有必要对网络教育的信息资源建设进行重点讨论。

运行机制主要是指系统中不同构成要素之间相互作用，共同促进系统协同运转、高效运行的过程与方式的总称。在网络教育生态系统中，运行机制主要是指在特定时空环境下，网络教育不同构成要素之间相互制约、影响以及协同配合的运行原理的综合，它决定了网络教育生态系统的运行效率和发展的稳定性，同时也决定了该系统设计开发资源的组织结构和形式。总体而言，网络教育生态系统的运行机制是由动力机制、调控机制、评价机制等不同生态因子共同构成的有机整体，以实现网络教育生态系统的物质循环、能量流动、信息传递和价值转化。

基础设施建设是网络教育生态系统运行的基础，主要包括网络教育的网络设施、网络安全系统、计算机和服务机器设备、数字化设备、多媒体设备、存储设备、备份设备、办公自动化设备、教育信息化管理工作平台、教育数据库管理系统、电子文件管理系统、教育网站、网络教育机房建筑、机房智能监控与安全保障系统、温湿度调控系统、水电设施等，基础设施的质量和完善程度将直接影响到网络教育生态系统的运行水平、服务能力和质量等。

网络教育组织文化是指网络教育在所处的社会环境中长期演进发展而形成的共同价值取向、规则规范、基本信念等各文化要素的总称，主要包括理念形态和制度形态两种文化类型。网络教育组织文化是增强网络教育各要素凝聚力的动力来源，是网络教育在长期发展中而构成的文化体系，具有相对稳定性，其具体体现在网络教育全体工作者的凝聚力、导向力、激励力、协同、创新力以及价值观念、行为规范、规章制度、管理环境、教育信息资源展示与传播状况等方面，始终伴随着网络教育的发展。为此，在网络教育生态系统发展过程中，必须要采取积极有力的措施，加强组织文化的建设，切实发挥文化的感化、协同等作用。

三、网络教育生态系统中生态因子的作用方式

网络教育生态系统中生态因子的作用方式主要有拮抗作用、协同作用、增强与削弱作用三种。

1. **拮抗作用**。自然生态系统中，生态因子之间具有明显的拮抗作用，其主要是指各个生态因子共同作用时，其中一种生态因子能抑制或影响另一种生态因子的作用。如乳酸菌的生长会导致生长环境的酸化，从而抑制其他细

菌的产生。在网络教育生态系统的生态因子之间同样存在拮抗作用，一种生态因子的变化能影响另一种或多种生态因子。如信息技术不断更新换代，使得网络教育的功能越来越强，信息系统的安全性越来越高，有利于提高网络教育信息系统的安全性，从而阻止黑客的入侵和病毒的侵袭；社会经济的迅猛发展，会直接影响网络教育的经费投入以及建设速度和规模，也会提高社会大众的学习意识，促进网络教育利用需求的上升，从而影响网络教育的政策制定和发展战略等。

2. **协同作用**。主要是指企业通过高效配置和科学组合不同的生产要素与资源，从而使其相互配合，创造出"1+1>2"的强大效益。网络教育生态系统中的各种生态因子之间同样也存在协同作用，各生态因子之间协同互动，推动网络教育生态系统演化变迁。例如，教育管理者通过利用各种技术平台、教育法律法规和教育信息资源等要素，协调各种资源，调动各种生态因子，产生协同作用，及时为社会提供教育服务，满足民众的学习需求，增强网络教育生态系统的功能。

3. **增强与削弱作用**。增强与削弱作用是指网络教育的生态因子在作用于网络教育生态系统时，产生的效果有可能是增强的，也有可能是削弱的，这是由生态系统的时间和空间结构决定的。众所周知，自然生态系统的生态因子因时空的差异性，其作用效果是不同的。例如，降雨量的多少，产生的效果是双重的。适量的降雨有利于植物的生长，净化空气；但是暴雨会导致洪涝灾害，破坏人类家园。在网络教育生态系统中，生态因子也存在这种双重性作用。例如，网络教育机构在专业设置时，应综合考虑其他专业网络教育机构的专业设置情况和学习者的学习需求，若盲目开设专业，难以满足学习者的需要，产生的作用效果往往是消极的。因而，在网络教育的建设和发展中，要平衡各种生态因子，要综合考虑各种生态因子的作用，根据实际需求，合理安排和配置资源，充分发挥各个生态因子的功能作用，从而释放系统运行的最大化效能。

四、网络教育生态系统的结构分析

结构是不同构成要素在系统中所反映的比例关系，也是各要素相互作用的具体方式,是生态系统最基本的属性特征。部分学者认为生态结构具体可分为空间、时间、营养结构三大类;还有学者将其划分为物种、营养、空间结构三种类型。当然,从现有的理论成果来看,目前备受学术界广泛认同的是第一类分类形式。在前文中,笔者已经多次强调网络教育生态结构是由不同生态因子构成的有机整体,且各生态因子间通过一定的逻辑关系建立起联系,并协调有序地运行于系统中。为了更深入地探究与剖析网络教育生态系统的演化、运行规律,以下笔者以生态系统结构论为指导,从时间、空间、资源三个层面对网络教育生态系统的结构展开积极探索。

1. **时间结构**。其主要表现为"在生态系统的结构和外貌随着时间的不同而变化,反映出生态系统在时间上的动态性"。根据部分学者的观点,生态演进是物种构成要素或种群结构随时间推移,向有利于自身发展不断进化的过程,是从低级向最高级层次演进、发展的过程,具有单方向性、顺序性。随着时间的推移,演进的顺序也将不断深化,此时物种的构成要素将会增多,种群的结构将会变得更加复杂。通常情况下,到了生态演替中期阶段时,种群结构的复杂性将达到最大化。在一些学者看来,一个类型的生态系统会随着生态的演进和时间的推移,而逐步被另一类生态系统所取代。

网络教育生态系统的时间结构正是该系统演化发展规律的体现。网络教育生态系统在发展过程中,会历经早期网络教育机构形成与发展、网络教育种群壮大等一系列过程。而在此过程中,随着网络教育生态系统的更替与演进,其结构也会发生明显的变化。从某种层面上而言,网络教育生态系统的结构具有鲜明的阶段性特征,即在不同的历史发展时期和生态系统演进阶段,其结构的特征也会有所区别。在早期阶段,网络教育生态系统的构成要素较为单一,整体结构较为简单,主要涉及基础设施建设、网站设计开通、网络资源数据库建构等方面。而随着时间的推移,网络教育生态系统的构成要素与日俱增,功能不断完善,此时其结构也表现出一定的复杂性,并逐步迈向生态系统的成熟发展期,主要涉及网络教育机构功能的健全、网络教育种群的形成、网络教育资源的集成、教育工作者的专业发展等方面。

总而言之,网络教育生态系统的时间结构主要体现在不同生态因子的共同作用下,教育生态系统构成要素从单一到多样、结构从简单到复杂、发展形态从起步到成熟的时间演进过程。

2. **空间结构**。主要是指生态系统的"分层现象",即动植物等不同生物种群在空间层面的分布特征,具体表现为生物群落的空间格局状况,主要存在垂直和水平两种结构形式。

网络教育生态系统的空间结构体现在网络教育个体、种群的空间分布和生态因子的空间分布两方面。其中,前者主要体现在网络教育生态系统中,各类网络教育个体、种群依据网络教育类型而呈现的实际地理位置,如以行政区域而设定的各级国家综合网络教育,或以高校规模和位置而设定的各类高校网络教育等。后者则主要体现在生态因子空间位置的具体分布情况:首先,在网络教育生态系统的主体部分,"网络教育助学者"主要分布于国家教育行政主管部门、各大社会教育机构或个体;"网络教育管理者"分布在各个网络教育机构中;"网络教育学习者"则主要分布于需要优秀资源的不特定社会群众中。其次,在网络教育生态系统的客体部分,以空间作为划分依据,其可以分为宏观、中观和微观环境三大类,且彼此之间相互作用,主要分布于国家网络教育主管部门、教育机构、信息技术部门等。

3. **营养结构**。其"作为生态系统结构的重要组成部分,主要是指食物网及其相互关系体现的食物链"。在一个完整的自然生态系统中,不同生物主要是通过特定的食物网构成一定联系,由此发挥系统能量流动、信息传递等各项功能,最终达到促进生态系统稳定和谐发展的目的。

在网络教育生态系统中,其营养结构主要体现在不同类型网络教育资源的分布上,具体表现为教育信息、教育政策、资金扶持、技术等各类资源因子所构成的相互关系网络,是网络教育生态系统高效稳定运行的基础物质保障。从实际现状而言,网络教育信息资源是网络教育生态系统健康运行的基础,其"数量与质量决定着网络教育信息资源开发的广度和深度,也决定了网络教育的服务内容和服务水平"。政策资源主要是通过宏观的教育发展规划和教育指导,推动特定区域网络教育生态系统的规范化发展;而资金资源则为网络教育基础设施建设、平台搭建等各项运行活动提供资金支持,主要来自政府财政拨款、企业融资、学习者上缴的服务费(学费)等;技术资源则主要是通过计算机、多媒体、互联网等各项高新技术的应用,为网络教育生态系统的高效运转、持续运行提供技术保障，有利于提高网络教育服务的稳定性和高效率；人力资源直接表现为网络教育建设与发展中所需要的各类管理人员、研发人员、技术维护人员和网络教育人员等，他们担负着维护与促进网络教育生态系统持续运行的重要职责。

第三节 网络教育生态系统的特征

网络教育生态系统的构成要素通过相互影响、彼此协同，形成强大的合力，由此共同促进网络教育向着符合社会发展和学习者需求的方向演进、发展。然而，必须要说明的是，网络教育生态系统有别于自然生态的人工生态系统，表现出明显的实践性特征。也就是说，人是网络教育生态系统的核心主体，而人本身所具有的主观能动性决定了这一教育生态系统的现实环境不是生态因子的简单叠加，而是有机组合、协同作用。总体而言，网络教育生态系统主要具备如下鲜明的特征。

一、整体性

这是网络教育生态系统最基本的特征。高层次系统均可以看作是其隶属层次的子系统的有机整体。当然，其并非低层次子系统的简单相加，而是基于特定的逻辑模式和内在关联而构成的新系统。从上述的表述可知，系统作为一个有机整体，它所表现出的功能作用并非其构成要素功能作用的组合，而是大于其功能之和，这主要是因为各构成要素既独立存在，也基于特定的形式建立了某种联系，从而相互补充、相互配合，由此创造出"1+1>2"的协同效应。网络教育生态系统是由人和生存环境两大生态因子共同构成的人工生态系统，它将两大生态因子按照一定规律和特定的形式有机联系起来，从而呈现出系统的整体性特征。在网络教育生态系统中，不同学习者因成长背景、认知经验、文化水平等各因素的不同，因此具有不同的"生态位"；与此同时，生存环境中政治、文化、经济等环境因子也具有不同的功能作用和空间位置，这些因子彼此联系、良好互动、协同配合，共同推动网络教育系统动态均衡发展，并努力朝着更高层次演进更替。

二、多样性

网络教育生态系统的多样性特征主要体现在以下方面。一是参与者的多样性，在该教育系统中，学习者并非单一的，而是来自全世界不同的国家和地区，他们的种族背景、文化差异、学习能力、学习诉求等各方面均有所不同，但是却依托开放式的网络教育平台而联系在一起，通过彼此间的相互补充和分工合作，共同完成学习任务，实现学习能力的提升和知识的扩充。不仅如此，不同的学习者对网络教育生态系统的贡献率不同，其在系统中的身份和地位也会有所区别。

二是学习方式的多样性，网络教育生态系统为广大学习者提供了多元的教育教学模式，如开设学习论坛，允许不同的学习者相互交流、分享经验；提供精品网络教学课程，允许学习者汲取丰富的教育养分；组织网络会议，允许学习者以视频的形式共同完成学习任务等。在网络教育的背景下，学习者的学习方式也从独立学习向"独立+协作"学习转变，这更有利于培养学习者的综合实力，强化教育教育效果。具体而言，网络教育生态系统中的学习共同体主要能够为各学习者提供如下两方面的支持。

1. 认知信息支持。学习者可以通过助学者提供的教育资源或开展的教学活动，获得海量的教育信息，从而丰富学习者的认知理论体系，拓展其理论视野，使其更高效地解决问题。同时，学习者还可以通过与其他学习者的沟通交流，获取更多异质性教育信息，以此从更宽泛的角度思考与解决问题。

2. 人际支持。学习共同体打破了学习者的"孤立感"，破除了其与其他学习者的"信息壁垒"，有效满足了其情感与归属、尊重等高层次需求。在学习共同体模式下，学习者不再是独立的个体，而是融入存在相通学习需求或相似志趣的团体中，并在与他人的交流交往中获得了身份的认同感和尊重感，这一方面有利于激发学习者的主观能动性，使其自主自觉参与网络教育教学活动，另一方面则加速了教育信息的流通，增强了学习者的综合能力，同时还有效排解了学习压力和学习过程中的负面情绪，使其始终都保持积极的心态开展学习活动。

三是认知工具的多样性。不同于传统教育形式，网络教育生态系统凭借着强大的信息技术衍生出诸多教育工具，包括教学软件、BBS论坛、电子邮件等，这为学习者广泛收集教育资源提供了有力的工具支持，极大地拓展了学习者获取知识的渠道。

四是信息资源的多样性。网络教育生态系统能够为学习者提供电子书籍、电子期刊、网上数据库、虚拟图书馆、百科全书、教育网站、虚拟软件库和新闻组等各类教育信息资源，以更全面地满足其学习需求，为其学习活动提供更充分的资源支持。

三、驱动性

网络教育生态系统的驱动性是指网络教育的生存和发展与自然生态系统的演变进化不同，存在外部刺激因子，而在该因子(如现代信息技术发展和用户利用需求)的推动下，网络教育生态系统不断地形成、繁育、壮大和成熟。

1. 信息技术的广泛应用，使得教学管理模式发生深刻性变化。现代信息技术是网络教育发展的基础。伴随着以多媒体教学技术和网络技术为核心的现代信息技术在教育领域得广泛应用，学生像使用铅笔、橡皮一样利用信息技术获取信息、探索问题、协作解决问题。

2. 网络教育使终身教育成为可能。网络教育有自身独特的特色和优势，它的开放性、良好的互动性、自主性，从根本上解决了传统教育的弊端。另外，网络教育扩大了教育的范围，提高了教学资源的开放性，并且可以为不同知识结构、不同文化层次和类型的人员的不同需求提供满足的可能性。网络教育为终身教育提供了一个新的教育环境，一个灵活、方便、高效的学习条件。网络教育可以实现"个人和社会的一体化"，实现教育一体化，这是终身教育的核心问题。

四、动态性

"在研究生态系统时，应当把生态系统整体和构成要素及其结构的变化发展的各个阶段统一加以研究,以把握其过程与趋势。"①根据系统论,生态系统处于动态的发展状态中,而网络教育生态系统作为其中的构成部分,也必然表现出鲜明的动态性特征,并不断地变化与发展,具体表现为:

1. 网络教育生态系统同其他类型的生态系统一样,随着外部环境和内在需求的变化而不断地演进、完善,具有"开拓—成长—成熟—衰退"这一完整的生命周期。网络教育生态系统存在其特有的演化规律,实现了概念框架、技术探索与应用实践的深刻性变化。在任何一个阶段,网络教育都具备自身的阶段性特点,这种阶段性特征可以为未来网络教育生态系统的发展提供科学的预测依据。

2. 网络教育生态系统中的各生态因子处于动态变化中。在不同的发展阶段,生态因子的构成结构、功能作用也会有所区别。如网络教育资源的存储载体实现了软盘、闪存盘、硬盘的演进变化,而且随着科技的进步,教育资源载体仍会不断地更新换代。除了载体变迁,网络教育生态系统中的其他生态因子的功能特点也会因时变迁,呈现出强化或弱化的特点,一些生态因子的功能会拓展,一些生态因子的功能会削弱,甚至消亡;同时,根据网络教育生态系统发展的需要,还会产生新的生态因子。

3. 网络教育生态系统在动态变化中保持相对稳定的平衡状态。它具有与外界环境相适应和调控的能力,因此当其因为外界环境变化而进入无序混沌状态时,网络教育生态系统会通过自调节作用而建立起新的秩序,如管理者会基于对学习者需求的把握和外界环境的整体判断,优化调整网络教育发展策略,持续优化改进技术,全面深化改革内容,高效整合各类教育资源,调控管理手段和服务方式,从而保障网络教育生态系统相对平衡和稳定,直到新的变化因素出现,再进行调控,使网络教育始终处于平衡状态。

五、开放性

网络教育生态系统是开放的,会与外部环境进行物质交换和信息传递,存在输入与输出两种双向流动形式。虽然输出并不是立即变化,有时会延迟,

---

① 智勇. 生态系统特征的系统科学思考[J]. 中南林业科技大学学报,2007(6):174-178.

但是决不会赶在输入之前。因为输出是输入的结果，输入是原因和源头。[①] 网络教育生态系统并非封闭的生态系统，而是时刻与外界环境保持相互交流，主要体现在：

1. 从教育信息资源来源上看，网络教育生态系统的信息来源具有开放性，其通过信息、资源的流动实现自身陈旧知识的更新。

2. 网络教育生态系统具有开放性。学习者通过与外界的沟通，获得更为广阔的空间和资源。增强网络教育开放性是网络教育生态系统蓬勃生命力，也是其可持续发展的关键所在。网络教育生态系统必须要时刻与外部环境保持密切的联系，要通过不断地输入输出，为自身发展注入强大动力，即在教育资源开发设计时，要实现"站内资源+站外链接"相结合，在开展网络教育活动时，要做到"内部助学者+外部专家学者"相结合。

3. 从利用对象上看，网络教育生态系统具有开放性。随着公民信息运用能力的增强及其学习需求的与日俱增，网络教育以其开放性、互动性、自主性等独特的特色和优势，满足了众多求学者多层次、多类型的教育需求。

六、交互性和协作性

学习活动实际上就是学习者、教育环境、助学者等不同要素相互联系、彼此互动的过程。根据穆尔的"三类相互作用"理论，网络教育生态系统主要存在人际型、学习系统型、自我型三种交互形式。

因特网作为一个开放化的网络载体，为网络教育生态系统中不同生态因子的互动交流创造了优越的条件，同时也为不同国家和地区的学习者的人际交互提供了支持。在网络教育生态系统中，不同学习者基于开放式的学习交流平台，相互沟通、信息共享、分享经验，并从他人的学习活动中汲取灵感和养分，以此实现自身学习能力的提升；与此同时，学习者与助学者的人际交互，能够让助学者更加全面清楚地了解到对方的学习需求，从而提供针对性的教育资源或活动以解决其学习过程中面临的种种难题，为其提供有效的帮助。

---

① 蔡晓明. 生态系统生态学[M]. 北京：科学出版社，2000：35-36.

除了人际交互外，与学习系统的交互也是网络教育生态系统中特有的交互形式。在实际教育教学过程中，学习者不可避免地会运用到互联网等各类工具获取教育信息，或者与其他学习者、助学者沟通联系。从现实情况而言，学习者与网络教育生态系统的交互主要表现为操作-反应，涉及学习者与学习软件的双向互动、学习者与学习技术的相互链接、学习者与学习机器（通常是计算机等移动电子设备）的交互三个层面。

在网络教育生态系统中，学习者只有把获取的新教育资源与已有的认知经验和知识结构有机组合起来，才真正意义上体现了学习活动的价值，而这涉及学习者的自我交互，它体现的是学习者个人内在的心理反应，是学习者基于既有的认知经验理解与内化学习内容的交互形式。

根据"新三论"理论，网络教育系统可以看作是耗散结构理论的系统。而协同理论则在此基础上更明确地指出，系统实现动态均衡发展的关键在于系统内部各组成要素的协同配合和密切联系。

第四节　网络教育生态系统的功能

学术界普遍认为系统功能主要是指系统所具备的能力及其运行效果，而生态系统主要具备物质循环、能量流动和信息传递三大功能。基于此，我们可以进一步推演出网络教育生态系统的功能，主要包括：一是组织保障功能，即网络教育管理者、助学者和技术等各项资源支持者通过发挥各自的作用，为网络教育生态系统保驾护航，确保其稳定高效运行；二是能量流动和信息传递功能，即网络教育助学者通过开发设计以及传播教育教学资源，实现多样化教育信息的广泛流动，以此满足学习者的学习需求；三是价值转化和加工创造功能，即网络教育学习者在吸收新教育资源和信息后，基于个人的理解对其进行加工、编辑、拓展；四是育人功能，这是网络教育生态系统区别于其他系统的本质功能。

第三章　网络教育生态系统的结构与功能

一、物质循环

网络教育生态系统的物质循环主要表现在对教育基础设施的淘汰更新，对教育资源的重新开发设计等。通常情况下，这一功能主要是建立在资源的基础上，即通过资源的流动、使用等实现网络教育生态系统的物质循环。在此，需要着重强调的是，这些资源既包括政策扶持、人力、教育领域的软硬件设施、技术等方面的资源，也包括国家财政拨款或学生报名费等运行经费。其中，资金是网络教育生态系统物质循环的最核心载体，其主要路径为：一是通过资金的投入，持续地购买与使用先进的网络教育基础设施，以此实现网络教育生态系统的优化升级；二是通过资金的大量投入，加强学习资源建设，如积极开发各类精品网络课程等；三是通过资金的投入，加强网络教育生态系统的技术维护。此外，网络教育的根本目的在于让广大学习者在教育学习中获得更宝贵的精神财富，这从某种层面上也可以看作是物质的循环。

二、能量流动

资源在网络教育生态系统中的投入与使用是能量流动的具体体现。随着网络教育系统的发展与深化推进，能量将会不断地减弱最终归零。在如今知识经济时代，网络教育需求呈现出大幅激增的趋势，而这则意味着助学者理应根据日益增长的学习需求不断地开发设计新的网络教育资源，而这则涉及能量的流动。同时，网络教育主张"自我学习"，鼓励广大学习者自主收集知识，掌握学习技能，强化学习效果，这在一定程度上提高了社会人力资本的质量，有利于促进社会生产力的解放和社会财富的积累，而社会财富在教育事业中的再投入，将会产生新一轮的能量流动，从而推动网络教育生态系统不断地向更高层次演进发展。

三、信息传递

这是网络教育生态系统最为重要的功能，贯穿于整个教育教学活动中。信息传递是网络教育生态系统保持旺盛生命力的关键所在，是其沿着社会发展方向持续演进的前提条件。图3-3(箭头表示信息流的方向)是网络教育生态系统内的信息传递图。从中可以很明显的看到，学习者借助沟通工具与助学者构成的"引导开发群"保持交流互动，以此获得所需要的教育信息；助学者开发设计的网络学习资源库等，为学习者提供了丰富的教育资源，实现了知识的传递和双方信息的互动。

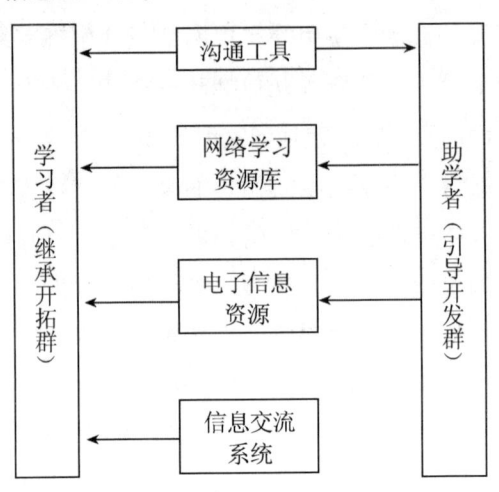

图 3-3　网络教育生态系统内的信息传递

第四章 网络教育生态系统的形成与进化

恩格斯在《自然辩证法》中指出:"如果地球是某种生成的东西,那么它现在的地质的、地理的、气候的状况,它的植物和动物,也一定是某种生成的东西,它不仅在空间中必然有彼此并列的历史,而且在时间上也必然有前后相继的历史。"[1]网络教育是在现代信息技术产生和广泛应用、电子文件大量生成的时代背景下产生的教育信息资源应用新模式,作为一种新的组织形态,或者形象地说,作为一种新物种、一种新的生态种群,它和其他任何生命体一样,都存在一个形成与进化的过程。对生物种群进化的研究是生态学的基本内容,达尔文在《物种起源》(1859年)一书中就使用了"有变化的传衍"(Descent with Modification)来反映生物的变化发展过程。就本书来说,探讨网络教育种群的形成与进化,能够更深刻地理解与认识网络教育的生成机制和演化过程,发现网络教育演化的动力及其与环境的关系,从而探索和认识网络教育发展演化的规律,把握网络教育生态系统的发展脉搏。

第一节 网络教育种群的成长

20世纪80年代以后,以计算机技术为核心的现代信息技术可谓日新月异,而且随着时代的更迭已经逐步渗透进人类社会生活之中,改变了人类的

---

[1] 马克思恩格斯文集(第5卷)[M].北京:人民出版社,2009:414.

思维模式和生产方式。与此同时，信息技术催生了知识经济时代，使得终身学习观念深入人心，而这也在一定程度上激化了日益增长的学习需求与匮乏的教育资源两者间的矛盾。网络教育这一信息技术与教育结合得最典型的新事物，越来越多地在教育领域产生影响。为此，网络教育的研究和建设于20世纪80年代在世界各地得到不断强化，网络教育种群呈现普遍增长的势头。

一、国外网络教育种群的成长

国外网络教育依托庞大的信息网络系统得以迅猛发展，其起始于新泽西技术学院的"虚拟课堂"；随后，美国政府针对庞大的学习需求先后推行了NII和GI工计划，显著加速了网络教育机构发展的步伐。

就目前的网络教育市场来看，美国无疑是佼佼者。多数网络教育领域应用的术语也是美国发明的。例如虚拟教室(virtual classroom)、在线教育(online education)、网络教室(networked classroom)、虚拟校舍(virtual schoolhouse)、虚拟校园"(virtual campus)、虚拟大学(virtual university)等。与此同时，在联邦和各州政府，以及各大市场主体的积极努力下，各类网络教育机构层出不穷，具有代表性的包括凤凰大学"网上校园"和琼斯国际大学。据调查统计数据表明，凤凰大学在网上校园中开设了大量本科、研究生、非学历等多种线上课程，这为美国网络教育事业的发展提供了强有力的支持。冯哲在其研究报告中指出，美国70%以上的学校均开设了至少3门以上的网上课程，而伊利诺伊大学则是其中的领先者，总共开设了220门。美国宾州州立大学的"世界校园"是当之无愧的网络教育领域"领头羊"，被称作世界一流的网络大学，始建于1998年，在短短两年的时间内将网络课程学位专业从5个激增到21个，覆盖研究生、本科等不同的学位层次，涵盖了学校200余门专业；与此同时，学生人数也呈现出疯涨的趋势，两年内上涨21倍，突破了6000人次。根据2000年的调查报告显示，90%以上的学生高度肯定了"世界校园"的网络教育，且约11万人以电邮等多种形式询问相关情况[1]。这从侧面反映了该学校网络教育事业的成功。正是如此，宾州州立大学的"世界校园"被美国

---

[1] 岑建君. "世界校园"—美国宾州州立大学的网络教育[J]. 世界教育信息，2001(1): 23.

第四章　网络教育生态系统的形成与进化

教育界称作为"一颗不可多得的闪烁明星"。琼斯国际大学则是一所全能型虚拟大学，始建于1999年。截止到2000年，该学校注册人数已突破1000人，且学习者涵盖不同学历的学生。该学校的线上网络课程"都是由美国知名高等院校中最权威的学者以强制式教授的形式开设的……课程的内容都是美国的一些主要的专家设计的"。[①] 综上而言，美国网络教育事业一派欣欣向荣。在各国网络教育尚处于萌芽期的90年代末，其网络教育机构的注册人数便已经突破160万人，所开设的网络课程达54000门以上。

其他国家的网络教育也呈现出强劲的发展态势。如20世纪90年代，加拿大阿萨巴斯卡大学迎合了网络教育发展趋势，开设了网络企业管理硕士课程，起到了先锋模范作用；2000年中下旬，加拿大还专门成立了在线学习全国顾问委员会，主要负责本国网络教育事业的监督与发展。在此，还需要额外提及"Unexus网络大学"，这是全球第一所颁发正式文凭的私立网络大学，为网络教育事业发展提供了新的思路。

在欧洲地区，网络教育机构也基本实现了"遍地开花"。如1993年，英国开放大学便已经着手推进"电子校园"的建设工作，开设了两门计算机线上课程，赢得了广大学生们的青睐。1999年，英国颁布与施行了"虚拟大学"计划，拟通过英国高等教育院校与私人教育机构的协同合作，打造具有全球影响力和竞争力的网络高等教育市场，而这无疑为本国网络教育事业的发展指明了方向。2000年，瑞士联邦政府正式启动了《瑞士虚拟校园计划》，这标志着该国家的网络教育事业拉开了帷幕；2001年11月，瑞士政府以官方的名义建设了"教育门户网站 www.educa.ch"，这为广大教育工作者与学生的沟通交流提供了强大平台，同时也为本国网络教育机构的设立提供了雏形。2001年，欧盟委员会启动与实施了《电子学习（E-Learning）行动计划》，对成员国的网络教育提供了具体指导。

在非洲地区，网络教育事业的发展势头也不容忽视。21世纪初，突尼斯政府正式对外宣布将于2002年运营国家级虚拟大学，一方面主要是推动本国

[①] [美]嘉格伦（Jones G. R.）. 网络教育：21世纪的教育革命[M]. 万小器，程文浩，译. 北京：高等教育出版社，2000：97.

教育均等化，为所有的突尼斯国民提供平等的教育机会，另一方面也是为了加快信息化技术在教育领域的应用，促进本国教育体制的深化改革。据了解，突尼斯是目前非洲阿拉伯地区网民规模最为庞大的地区之一，这为当地网络教育事业的发展奠定了坚实的基础。同时也为其国家级虚拟大学稳定运行创造了良好的条件。该虚拟大学是突尼斯唯一一所独立运行的、有学位授予权的高等教育机构，在本国教育事业中占据重要地位，而且为了能够进一步地丰富教育资源，其拟打算与欧美等重点高校建立合作联盟。

在亚洲地区，网络教育也表现出蒸蒸日上的发展趋势。如韩国教育部着手推进远程教育试点工作，要求包括淑明女子大学在内的10所重点高校开设"网络校园"，以满足本国日益增长的教育服务需求。2000年中上旬，日本耗费巨资设立了"4年制三维立体虚拟大学——'人类综合科学大楼'"；不仅如此，从2001年5月份起，包括日本京都大学、大阪大学等在内的5所名校将搭建网络教育平台，以线上教育的形式为学生提供公共外语课教学；此外，日本大学审议会在多次协商讨论下编制并提交了"承认外国网上大学学分制的议案"，这同样为本国网络教育的快速发展提供了政策支持。乌兹别克斯坦政府也在美国马里兰大学的积极推动下设立了本国的第一所虚拟大学，允许该大学以远程教育的形式扩散与推广本国先进的农业知识和技术，同时马里兰大学还针对该国的教育需求为广大学生开辟了特色化线上课程，强化对乌兹别克斯坦农村地区农民的培训效果。

从上述发展历程可知，国外网络教育起步较早，且在长期的摸索实践中形成了相对完整成熟的发展体系。尤其是20世纪末，国外网络教育机构层出不穷，而且逐步呈现出全球化蔓延趋势。据资料显示，21世纪初，来自加拿大、美国、英国的28所虚拟大学共同签署了课程学分的协议，包括加拿大的阿萨巴斯卡大学、英国的电子大学、美国的科罗拉多电子社区学院、约翰国际大学、肯塔基虚拟大学共同体、肯塔基虚拟高中、麦哲伦大学、马里兰大学、密歇根虚拟大学、明尼苏达虚拟大学、国家技术大学、美国开放大学、凤凰大学、田纳西大学、得克萨斯大学系统等，明确表示将互认学生所修课程学分。

二、我国网络教育种群的成长

随着信息技术的推陈出新和国外新技术的引进,我国网络教育也迸发出蓬勃的发展生机,实现了跨越式发展。在我国教育科研计算机网络的支持下,我国于20世纪末着手推进网络教育试点工程。1998年下旬,湖南大学积极响应政策要求,与湖南电信达成合作共识,设立了全国首个虚拟大学——"湖南大学多媒体信息教育学院",正式拉开了我国网络教育机构发展的序幕。而基于这一试点经验,我国又先后在发达城市地区着手推进网络教育试点工作,涵盖了全国60余所高校。在开展网络教育项目时,我国主要采取了基础为主、由低到高的运行策略,即鼓励与支持各试点高校在开设网络课程时,优先以专科和本科教育为主,待积累经验和条件成熟后,逐步向研究生等更高层次的课程拓展。截至目前,我国已经建成了包括大专、本科(分为高中起点和专科起点两类)和非学历研究生在内的网络教育体系。根据数据显示,截至2001年,我国连接CERNET的高校超770余所,且在"十五"期间,注册高校网络教育的在线学生已经突破了500万人次,各大试点高校的虚拟大学所开设的课程已达到300门。此外,数据还表明,截至2005年,我国所有高校基本上均响应了政策号召,实现了信息化建设,接入CERNET,确保所有学生均能够注册上网,这为中国网络教育的发展提供了扎实的信息基础,推动我国现代远程教育工程向前迈进了一大步。另外,我国目前已开通5个CERNET地区网络中心的4条2.5G线路和通达11个省会城市CERNET地区主节点的13条155M线路,为网络课程的稳定性提供了强有力的技术支持,推动网络教育在高等教育领域蓬勃发展。随着信息技术的不断涌现和深度应用,网络教育在其他教育领域同样发展得如火如荼。我国的网络教育现在已发展为基础教育、高等教育、职业认证技能培训、企业培训四种类型。

第二节 网络教育生态系统的发展沿革

网络教育生态系统从无到有、从小到大、从幼稚到成熟,和其他生态一样，也存在着一个逐渐演化、动态发展的过程，存在着由生成到成长、发育繁荣、衰老乃至死亡的生长周期。分析生态系统发展轨迹是引鉴生态理论、研究生态系统演化的基本内容。在组织生态学和企业生态学研究中，学者大多将生态系统的发展与进化历程分为开拓期、成长期、成熟期、自我更新和衰退期①，这可以作为一般的过程，但各种生态系统都有着自身的具体内涵和阶段性特点。

一、预备期

网络教育作为一种人工系统，在社会发展过程中因各种现实性的需要和力量推动下，迅速进入孵化期。

1. 社会日益增长的高等教育需求为网络教育诞生提供了内在动力。20世纪90年代，高等教育大众化已然成为社会共识，而为了满足这一需求，我国明确提出了"扩大招生"的要求。然而即便如此，当时的教育资源条件仍然无法满足大幅激增的高等教育需求。在此背景下，网络教育应运而生，它依托先进的信息技术，为所有渴望学习的人提供了平等接受教育的机会，实现了高等优质教育资源的均等化分配，有效缓解了当时教育领域的供需矛盾。

2. 相关政策文件的颁布为网络教育诞生提供了合法性准备。我国颁布施行的《面向21世纪教育振兴行动计划》明确提出了"现代远程教育工程"，着重强调各大高校要加快信息化建设，打造开放型教育网络体系；随后实施的《关于深化教育改革全面推进素质教育的决定》则指明了"国家支持建设现代远程教育网络"的发展方向，这为网络教育的形成提供了政策支持和合法性条件。

3. 互联网的产生与普及为网络教育诞生提供了现实可能性。1994年，我国计算机与网络设施连入Internet国际专线；随后，在国家的大力推动与支持下，我国基本建成了CERNET八大节点，且各大高校也纷纷入网，这为高校开设网络课程奠定了信息化基础，同时也推动了我国教育网络化发展。网络的并入和校园网的全面建成，为网络教育创造了现实条件，实现了教育资源

---

① 张黻，张锐. 企业生态系统的构成及运行机制研究[J]. 科技管理研究，2005(3)：58-61.

第四章　网络教育生态系统的形成与进化

的线上传输与分享，同时也有效打破了时空局限性，进一步拓展了教育的覆盖面。

二、初创期

网络让教育触手可及。1996年，面对着我国庞大的高等教育需求，时任清华大学校长王大中创造性提出了"远程教育"，并组织校内资源着手推进网络教育工程，但是受限于当时的技术条件，并未付诸实践。1998年，湖南大学成立"湖南大学多媒体信息教育学院"，标志着我国网络教育正式诞生。2000年，随着全国校园网络的建成和信息技术的迅猛发展，清华大学设立了"网络学堂"，开设了200多门网上课程，吸引了众多学生注册。据不完全统计，当时"网络学堂"一经推出，便得到了广大学生的青睐，注册学生突破20 000名。随后，教育部加快推进高校远程教育试点工程，准许包括中国人民大学等在内的4所高校作为试点，设立网络课程，而这也为国内网络教育事业的发展奠定了根基。与此同时，为了确保远程教育工作高效有序推进，教育部围绕网络教育发展提出了16字指导方针、办学目标和办学任务，同时对试点院校在线招生标准、数量、专业设置等各方面均提出了详细的说明与规定，这在一定程度上推动了国内网络教育的规范化发展，同时也使得线上虚拟大学成了诸多在职人员继续教育的首要选择。至此，网络教育以强劲的发展态势印证了自身无穷的潜力。

三、成长期

经过形成阶段的初步发展后，网络教育逐步具备了进化的能力和条件。资金、技术、人才、资源逐渐向网络教育流动，加快了网络教育个体乃至种群的发展，使网络教育发展开始步入正轨，进入成长阶段。在这一阶段，网络教育生态系统的发育或成长呈现在以下几个方面。

1. 规范高等学历教育

随着首届网络学历教育毕业生踏入社会，其在工作中的种种表现引发了国内媒体对网络学院教学质量的批评与质疑，同时也让社会重新审视网络教育。不少学者就"网络教育教学质量"展开了一系列研究，同时重点指出了我国在远程教育方面的局限性以及弊端。从某种层面上而言，网络学历教育实际上是基于市场机制的"宽进严出"的办学机制，如果缺乏合理完善的教育质量标准，那么势必将导致网络教育的混乱，而这不仅不利于人才的培养，而且还会大大有损各大高校的办学声誉，同时也阻碍了高等教育的信息化建设。对此，针对网络教育乱象，以及社会对网络学历"含金量"的质疑，我国先后颁布了一系列规范性文件，从办学定位等多方面着手，加强对网络教育的监管。(1)明确定位。教育部在政策中着重表示高校网络教育的培训对象是各行各业的在职人员，以学历教育、职业资格认证教育等为主。(2)规范招生。教育部对网络学历教育的招生资质、招生宣传、招生数量等各方面均予以了明文规定，明确表示所有学生都必须要通过网络学历教育招生考试方可入学，而且严令禁止招收全日制高等学历教育学生，这大大提高了网络学历教育的准入门槛，保障了网络教育质量。(3)规范教学。教育部要求试点高校要加快网络课件、教育资源库、教学平台等各项网络教育工具的建立，加强网络教育基础设施的建设，同时还要求试点高校重视教师专业能力的培养，从而切实强化在职人才培养效果，提高网络教育质量。(4)规范考试。湖南大学网络学历教育的"舞弊案"事件招致社会的强烈斥责，而这也使得社会对网络教育质量保障体系的设立表现出更强烈的渴望。在此背景下，我国教育部推出了"网络教育公共课全国统一考试"，要求各大高校必须要践行职责，公平公正开展"网考"工作，一方面避免投机取巧者以舞弊行为获得高学历文凭，保证网络学历教育的公平性，另一方面则保障网络学历教育的高质量，打消社会对这一教育模式的质疑与顾虑。(5)规范管理。"永德电大违纪事件"使得人们重新审视与思考网络教育"向下延伸"和"保证质量"的两难问题。对此，教育部大刀阔斧地改革与推行网络教育专项整治活动，加快健全校外学习中心审批制度、年检制度等一系列规章制度，有效推动了网络学历教育规范化发展。(6)规范技术。面对着层出不穷的海量网络教育资源，教育部先后施行《现代远程教育技术标准体系和11项试用标准》等规范性文件，着手推进教育系统技术标准的设立与完善工作，有效解决了不同网络教育系统间资源共建共享的难题。

试点高校在党和国家政策的引导下规范管理，显著提高了网络学历教育的办学质量。清华大学作为网络教育的领头羊，为了凸显出"宽进严出"的办学特征，先后关闭了招生数量少、生源质量不高、管理能力薄弱的60个网络教学点，同时推出了一系列支持网络教育质量提升的计划，着力于加强高校内涵建设，这为我国其他试点高校开展网络教育工作提供了借鉴经验。

在经过规范整顿后，我国网络学历教育初步实现了健康发展，且社会对其的质疑声也逐步衰减。据统计数据表明，在2001-2002年期间，我国网络学历教育在读学生人数增幅达5倍以上。截至2005年，我国网络教育市场规模突破百亿元大关，这无疑昭示着我国网络教育事业强劲的发展潜力，同时也表明了社会对网络教育的广泛认同。

2. 建设网络教育公共服务体系

网络教育依托先进的互联网技术和开放式的网络平台，突破了传统教育模式的局限性，为广大学生提供了更丰富的教育资源，同时也推进了教育公共服务均等化。面对着日益增长的高等教育需求，我国着手推进网络教育公共服务体系建设，旨在为更多的学生提供线上教育支持性服务。

2003年初，奥鹏教育与我国国内知名高校达成合作共识，共同推进与发展"奥鹏远程教育公共服务体系"项目，拟为各大高校学生提供畅通无阻、资源丰富的教育平台，为各类学习者提供学历教育服务。此外，弘成科技公司、知金教育咨询公司也在产学研一体化模式的引导下，与国内知名高校签署合作协议，共同开发与设计现代远程教育公共服务体系，通过各方资源的互补，更高效地推进网络学历教育发展，更好地提高远程教育的服务质量和教学水平。

此外，我国非学历教育公共服务体系建设也在加快落实。如成立全国教师教育网络联盟等，设立上海远程教育系统等，这一方面为教师专业发展提供了平台支撑，另一方面也为优质教育资源的普及提供了强大助力，实现了惠及"三农"促发展。

不仅如此，随着网络教育的深化发展，我国也不断地壮大与发展远程教育资料库，先后开展国家精品课程、国家高等教育数字化图书馆等建设项目，全面提高了网络教育服务质量，保证了优质教育资源的充分有效供给，同时也在很大程度上加快了我国网络教育建设的步伐。

3. 运营模式商业化

在现实生活中，教育培训被广大投资者看作是前景可观、潜力无限的市场。而网络教育培训作为在职人员接受高等教育的重要渠道，也是市场重点投资的对象。随着我国简政放权政策的深化落实，网络教育逐步实现了市场化运作，且凭借着巨大的发展潜力吸引了众多投资者争先入驻，根据China Venture的数据显示，在2000-2006年期间，我国弘成(中华学习网)、安博教育集团等11家教育行业企业风投总额突破了9300万美元；此外，新东方集团在美国资本市场的首次IPO融资总量便突破了1.1亿美元。这无疑表明网络教育培训行业已然成了投资热点，同时也表明了市场对该领域的看好。而市场资本的介入，也在一定程度上丰富了网络教育培训产品体系，扩大了其市场规模，尤其在我国公共教育经费投入严重匮乏的情形下，商业化运营模式显然为网络教育提供了更充足的资源支持。

4. 进军非学历教育市场

商业化运营为网络教育向非学历教育的战略转型创造了条件。从清华大学网络教育学院明确表达"退出网络学历教育"的诉求开始，社会开始积极探索与思考网络教育转型的可行路径。

(1)网络基础教育市场。2003年，"非典"席卷全国，造成国家各个地区停工停学，传统教育体系全面崩溃。而在此背景下，网络教育兴起，"空中课堂""网上教学"等一系列模式应时而生，有效缓解了当时的教育困境。"北京101网校"等知名网校也顺势而生，成为非学历基础教育市场的模范代表。

(2)职业培训市场。全国农村党员干部现代远程教育等试点项目的开展，一方面为不同岗位的职员提供了继续学习的平台，另一方面也掀起了网络教育向职业培训方面转型的热潮。其中，新东方在线和中华会计网率先作出行动，为英语需求者和会计师提供了培训学习的渠道，成了职业培训市场中的佼佼者。

(3)企业 E-Learning 市场。主要面向企业职员，通过建立学习型组织，使广大职员更好地适应职场工作。如北大青鸟作为企业 E-Learning 市场的"领头羊"，通过与各大院校协同合作，开设IT职业教育课程体系等，为我国IT企业提供高质量的人才储备，以弥补我国高新技术行业的人才缺口。

(4)教育服务市场。主要包括教育门户、教育博客等,具有代表性的主要为:精品学习网,以提供不同学科考试辅导、考试咨询等服务为主,是目前国内规模最大的教育服务企业;中国教育在线网则以提供各大高校招生、就业、考研辅导等综合性教育服务为主,是各大考生了解招生信息和校园动态的首选。

根据艾瑞市场咨询的数据表明,2006年我国网络教育市场市值创新高,突破了145亿元,释放出强大的发展潜力。其中,高等教育市场仍然占据主导地位,在网络教育领域占比达80%以上,但是增幅有所减缓,仅有5.8%;相较而言,职业认证培训、基础网络教育等其他教育领域不甘落后,表现出大幅激增的态势,年增幅均达30%以上。由此可见,网络教育市场正逐步向非学历教育领域转型。

四、成熟期

在经历了成长阶段的快速发展后,网络教育生态系统逐步迈入成熟稳定阶段。这一阶段的主要特点是:网络教育种群数量保持基本稳定,且分布合理(研究表明,自2007年至今,国内的网络教育市场格局业已初步成型,分成了基础网络教育、职业认证教育、高等网络学历教育、教育服务和企业E-learning五大板块);网络教育个体能有效实现对社会组织和机构形成的数字资源的集中、管理和利用;网络教育资源管理和利用走向常态化,有规则和制度可循;网络教育资源能得到不断富集,并有序运行;网络教育在社会上获得了良好的生态位。我国网络教育市场逐步实现了趋于稳定的发展,并且形成了以继续教育为主的整体格局,随着整个市场的日趋成熟,也推动了继续教育发展的又一热潮。

随着网络教育的发展,其内涵发生了一定的变化,这在名称方面也有所体现,比如网络教育学院不再沿用以往的名称,而是改成继续教育学院,其中比较典型的是"清华大学继续教育学院"等。通过名称和内容的转变,意味着新时期网络教育的内涵得到进一步的丰富和发展,使得网络教育在理论发展的同时在实践领域也进行了探索和调整。我国政府出台了推动学习型社会建设的有关政策,要求支持继续教育和远程教育事业的发展,使之成为构建学习型社会的重要动力，提出要加强对农村党员干部的培训，而远程教育便是一种重要的方式。2008年，继续教育改革与发展战略课题启动，意味着国家基于更高的战略视角着力推动继续教育事业发展，为我国远程教育事业的发展明确了定位，党中央对此大力支持并决定自2007年起对农村党员干部进行远程教育培训。在国家政策大力扶持下，中华职工学习网在对各项资源进行有效整合的情况下展开了探索，从中央到地方各企事业单位都着力推进E-learning事业的建设和发展，促进了我国网络教育建设的茁壮成长，也推动了相关教育服务体系的进一步完善。2011年广东省提出了圆梦计划，将农民工确定为培训和帮扶的对象，帮助他们通过网络接受高等学校的学历教育。此外，国内很多民营企业也加入网络教育建设大军中，部分企业构建了自己的企业大学。在现代社会，知识的重要性深入人心，终身教育的理念也逐渐普及。人们不但重视学历，在思想上也更加注重学习能力的提升和素养的培育，这成为促进人们持续学习的重要动力。在此背景下，网络教育的出现和发展，既迎合了人们在学习方面的需要，也进一步推动了人们在学习方面的探索，各种自发的网络学习逐渐兴起，而国家政策的支持起到了重要的推动作用。《国家中长期教育改革和发展规划纲要（2010-2020年）》中明确提出，为公民的终身教育体系建设"立交桥"，为公民学习打造个性的、便捷的、灵活的环境，使得民众的各种学习需求得到满足。而在今天，网络教育无疑是能够普及的、最为便捷的学习新途径，其在教育发展改革中，也必将会担负起更多的功能，发挥更大的作用。

第三节 网络教育生态系统进化的动力机制

任何事物的发生、发展都不是任意的，都有着最基本的原始推动力。娄策群教授等在研究信息生态系统的进化时指出：信息生态系统只有与外部环境相互适应才能维持和进一步发展，一旦与外部环境之间出现了无法和谐相处的情况，信息生态系统便难以生存，其发展能力将逐渐失去。外部信息环境具有持续的变化性，信息生态系统需要随时了解并调整自身在环境中所处的位置和承担的作用,并伴随外界环境的变化而加以相应的优化和调整。所以,外部信息环境的变化,在一定程度上有利于信息生态系统的整体发展和进化,而信息相关的制度、技术的创新以及结构方面的变化,都属于外部信息环境发生的变化。诸多事件表明,这一切在无形中都推动了信息生态系统的整体发展和优化,推动其不停的进化与演变。

一、科技发展驱动力

科学技术是推动经济和社会发展的决定性因素,是人类文明进步的标志。早在19世纪40年代,马克思恩格斯对此就已有了深刻领悟,认识到科技是一种能够推动社会变革和发展的力量,并形成了科技是生产力的结论。马克思认为,自然科学技术与工业的发展,在实务领域渗透进人们的生活,并对人们的生产和生活方式都进行了改造。恩格斯也强调,生产力是难以准确估计的,科学的发展、劳动的应用以及资本的投入,推动土地的生产力得到持续的提升,而科学的发展则导致自然的力量进一步被人类社会所控制和支配。此种生产力,其价值和作用难以有效估量,一旦被人们充分的利用,便能为整个社会缔造福利并减轻人们的劳动负担。[1] 在《政治经济学批判(1857-1858年草稿)》中,马克思对劳动的社会生产力进行过分析,他认为其中包含了多个方面,其中不但包含了生产力技巧、社会力量,而且也包含了科学的力量[2]。在《资本论》中,马克思认为,自然环境和条件、生产资料、工艺和科技发展水平、劳动的平均熟练度等,共同影响和决定了劳动生产力。[3]

科技是重要生产力的思想既是人类对科学和生产力认识的一次飞跃,也是对科学技术在社会发展中的推动作用的高度概括。20世纪80年代,随着世界经济形势的发展变化,邓小平同志提出了科技是第一生产力的科学论断:"马克思说过,科学技术是生产力,事实证明这话讲得很对。依我看,科学技术是第一生产力。"[4]这一论断既是马克思主义生产力理论在当代的新发展,更

---

[1] 马克思恩格斯文集(第5卷)[M]. 北京:人民出版社,2009:193.
[2] 马克思恩格斯文集(第5卷)[M]. 北京:人民出版社,2009:77.
[3] 马克思恩格斯文集(第5卷)[M]. 北京:人民出版社,2009:53.
[4] 邓小平文选(第三卷)[M]. 北京:人民出版社,1993:274.

是对20世纪科学技术发展及其社会功能和社会意义的精确把握。

自20世纪60年代开始，与新能源、新材料、电子信息有关的各种新技术出现并迅速发展，在全球范围内掀起了"第三次浪潮"。这次革命以信息技术为核心，因而又被称为"信息技术"革命。现代信息技术对社会各领域作用之深、渗透之广，前所未有，是当代社会生产力和生产方式产生巨大变革的推动力，也是网络教育产生和发展的重大驱动力。

1. 科技是网络教育存在的基础

人类科技的发展，推动了生产力水平的持续提升，而这又让人们能够对自然和社会实现更加充分的了解和认识，也推动了人们对社会和自然的改造和利用。尤其是随着人们进入网络时代，生产力得到了极为快速的发展，人们能够在几十年内创造出比以往几百年还要多的社会财富。网络成为一种改造自然和社会的新途径。科技的进步必然会在网络教育方面产生重大的影响，推动网络教育乃至整个教育事业产生根本的全方位的变革，而这种变革过程中必然夹杂着有利的和不利的因素。但只要利用得当，其能推动人的全方位发展，也将成为促进网络教育体系发展完善的重要动力。随着对网络技术的应用，人们能够对教育事业展开极度的探索，使之超越了民族、国界和时空的界限，也不区分年龄、性别和种族，使得人们的各种教育需求都能获得相应的满足，推动整个教育以前所未有的速度发展。不管是教育资源的累积和丰富度，还是网络教育在今天所具备的包容性和开放性，都依托于科技发展这一重要前提。只有科技达到某种水平，才能使上述情况变成现实，而并非只是一种理论层面的设想。网络技术的出现和发展，推动了人们对信息资源的高水平利用，也推动了整个社会实现了又一次发展的飞跃。纵观人类发展的文明历程，早期人们对风、水、土地等各种自然力进行利用，进入了农业文明高度发达的农业社会，这种对物质资源的应用是人类社会发展的第一次飞跃。而随着蒸汽机等的出现，人们加强了对机械的应用并步入了工业社会。此种对能量资源的应用以及工业文明的缔造是人类社会发展的第二次飞跃。当前人类进入了第三次飞跃时期，各种各样的信息资源大量涌现，信息技术的发展推动人类进入了信息社会，整个世界都共同经历着巨大的变革，并且人们的生活和生产方式因此发生了显著变化。网络时代，信息资源的获得和使用更加开放、便捷。网络极大地提高了教育的效率,在极短的时间内便能完成海量信息和知识的传递,网络技术的出现和应用,推动了教育事业的发展,而这则需要依托科技的进步才能得以实现。

科技的发展与进步,对网络教育效率的提升具有重大意义。只有借助科技这一途径,才可提升网络教育的信息传递速率,在极短的时间内完成海量信息的传输,推动信息和知识的快速累积。网络教育想要获得高水平的发展,不但要高速地进行信息传播,还要达到高水平的教育质量,而这需要借助于科学的力量,推动整个网络教育事业朝着科学化的方向进一步发展。网络技术的普遍应用,使得网络教育在发展的过程中得到了技术方面的有力支持,使得过去传统教育领域难以解决的问题在今天都能迎刃而解,使得信息能够得到普遍的应用,教育资源能够得到共享,科研成果能够进行量化分析,而教学过程也能及时进行反馈和互动,还可对多种教育手段和方式进行综合应用。所以,科技的发展和进步是促使教育效率得以提升的重要前提,是实现教育效益的重要基础,也是推动教育发展的根本力量。

2. 科技推动网络教育的发展

科技的发展将有力维持网络教育的包容性和先进性。网络教育自诞生伊始,便天然地对科技力量具备极强的依赖性。整个网络教育的发展过程,实际上都受到了科学技术的有力推动,网络教育的进步其背后离不开科技的支持。网络教育所具备的先进性,也依托于科学技术的发展。从对网络教育的影响来看,科技推动了相关教学理论的变革,各种与网络教育有关的学习和教学理论纷纷出现,科技提升了生产效率,通过科技创新形成了各种各样的成果,给予人们更多的空闲,让他们可以获得更多的教育机会,使得人们的思想理念得到进一步解放,帮助人们形成正确的"三观"。科技为人们更好地理解和认识世界提供了有效的方法和手段,让人们可以对各种各样的教育资源进行充分的应用,将帮助人们实现全方位的发展。科技的发展必然会促进教育效率的提升。研究表明,通过网络教育能够帮助人们节约大量的费用和学习时间,并且收获更多的知识。科技不但影响了网络教育的品质,还使教育的过程产生了重大的变化,使整个教育过程的内涵更加丰富,使其外延得到进一步拓展。

科技的发展推动了阅读方式的改变。文字的出现以及印刷术的诞生，使阅读书本并从中获取信息成为人们的习惯。但书本中的信息，其排列方式是固定的，这影响了人们阅读的速度，也阻碍了检索效率的提升。而网络技术的发展以及普遍应用，使得人们摆脱了单纯文本阅读的束缚，尤其是电子书的大量普及和兴起，各种多媒体阅读方式的出现，显著提升了人们的阅读速率，让人们可以应用更多的检索方式，这使阅读和检索的速率都得到了大幅度的提高。网络改变了人们的阅读方式，通过对电子书刊的阅读，人们不再受限于线性的知识联结，可以在网状的知识结构中，充分利用多种多样的检索和联结方式，得以突破以往线性阅读的束缚。人们可利用网络创造符合需求的、形式各异的电子文本，也可在无限的知识中快速获取自己需要的部分。学习对象也发生了变化，不单纯局限于文字知识的摄入，而逐步拓展为动画、声音和图像在内的多媒体形式。因此，人们的学习方式和阅读方式都产生了根本的变革。在此，笔者借助以下事例来论述网络阅读所具备的价值和意义。《二十五史》是一部浩瀚的巨著，单纯通过文字阅读的方式难以对这部巨著实现全方位的了解，想要从其中获取自己所需知识更需要花费大量的时间，而《二十五史》全文检索系统的建立则帮助人们有效地改变了上述困境。如果人们想在其中查找气象知识、获取和风有关的资料，通过自动检索的方法并借助于网络超文本阅读的方式，只要将气象和风等关键词输入并给予一定的限制，电脑便会进行全文检索，找到几万个与气象和风有关的资料和词目，进而形成了一个为读者量身定做的特殊文本。如果想对这些资料做进一步简化，还可通过和计算机对话来获取信息，面对人们的阅读和检索方面的需求，网络可提供远超人力能及的优质服务。

科技的发展推动了写作方式的改变。通过对写作方式的影响，使得教育的表达、传递和输入等各种方式都有所变化。在现代社会，人们越来越熟练地进行无纸化写作，通过鼠标和键盘来进行写作成为一种新潮流，而这会使得人们的写作效率和速度都发生大幅度的提升。人们的写作方式已经发生了变化，传统的手写方式逐步被各种形式的语音、扫描、鼠标和键盘输入方式所取代。人们不再局限于传统的以文字为主的写作方式，而转变为各种各样的多媒体写作方式，人们在阅读和交流的过程中开展写作，促使人的写作能力得到大幅提升，使得写作更加灵活。一些诸如复制、抄写的写作效率也得到了明显的提升，人机一体化的写作方式在当今逐渐普及，显著提升了写作的效率。

科技的发展推动了计算方式的改变。随着计算机的普遍应用，以及对社会生活的逐渐渗透，无形中推动了人们对于数字的研究和对各类数值的计算，由此在现代人心中强化了计算的概念，并逐步打造起一个数字化的社会生活方式。计算机所采用的二进制模式，实现了计算的快速化并打造了特殊的计算机文化。随着科技的进步，声音、文字和图像都能实现数字化，阅读、写作和计算都能借助计算机语言实现一体化，这不但影响了我们的生活，也改变了我们的生存环境，更为网络教育的发展夯实了基础。

科技的发展推动了思维方式的改变。思维的主体、客体以及中介共同组成了思维方式。在生产力发展水平不同的各个时代，人们具备不一样的思维方式。在以往的农业和工业文明时期，人们主要是通过大脑来进行思考，社会关系以及思维的主体在很大程度上影响甚至限制了思维的客体。人们的思维是建立在现实世界的基础上。而步入网络时期，个人为主的思维方式逐渐改变为群体为主的思维方式，人机系统思维模式也替代了人脑为主的思维方式。这意味着思维的客体发生了极大的变化，逐步进入了以虚拟为主的思维世界。基于网络技术发展形成的物化思维工具组成了新的思维中介，使得人们不再局限于现实性的思维，而逐步开始了虚拟性的思维。

二、教育平等驱动力

当前全世界的教育状况比较复杂，并不如我们设想的那般理想，其发展也存在一定的不平衡状态。研究发现，发展中国家至少有超过 2 亿的适龄儿童不能获得应有的基础教育。在很多地方，建设优良的学校环境，聘请优秀的教师都是难以实现的。不管对任何人来说，教育都是一项基本权利，但在物质分配不平衡的客观环境中，有些人享有更多的知识资源，有些人却由于经济或其他原因而使得自身接受教育的机会受限，此种不公平的状态是对教育平等原则的严重违背。

和传统的教育方式相比，网络教育更有利于推动教育平等。借助于网络的延伸性、和对时空的突破，依托于远程教育的方式，能够让人们借助于一定的网络平台获得其所需的各种资源。网络突破了国籍、阶层甚至性别方面的差异，能够为所有的学习者都提供相应的教育机会，使得他们接受平等的优质的教育服务。而在互联网空间中进行信息交流，能够帮助用户对于各种网上资源进行分享，人们对于信息选择和利用的范畴和程度都得到了极度的扩展。网络本身便是一个信息宝库，各种图像、文字和声音都以数字形式存储在网络空间中，而且也可将这些信息资源借助于多媒体形式在各个服务器上储存和呈现。这便突破了教育资源的有限性，通过无限的信息资源的提供，克服了以往的教育不平等问题，也打破了学校教育条件有限的弊端，很好地缓解了教育不平等现象。

就我国而言，发展网络教育更具现实价值。我国地域极为辽阔，人口基数大，文化和经济的发展都存在不平衡问题，学校资源的分布不够均衡，这使得人们在教育方面的需求无法得到个性化的满足。而且，在我国还有一些贫困地区，那里的孩子受客观条件的局限无法正常入学就读，还有部分中高考落榜生也有继续学习的渴望。魏新认为，教育机构在一定程度上起到对社会资源进行再分配的作用，对于处于社会底层的弱势群体而言，教育是他们改变自身生活环境的唯一渠道。对于贫困或偏远地区的人们来说，由于经济发展条件的影响，使得这些地区缺少需要的教育资源，造成了现实中教育资源在地区分布不均衡的问题，而教育方面投入的不足以及教育资源的匮乏，又使得这些地区经济落后的问题更加凸显。想要从根本上改变这种状况，单纯凭借当前的教育规模几乎无法达到目标。而受制于当地政府有限的财政实力，没有能力完成现实所需要的学校的构建，所以通过对各高校已有教育资源的开发和利用，构建大量的网络学校，开展各种类型的学历和非学历教育，推动教育资源在更大范畴的共享将是我国推进教育事业的重要选择。在学校教育的基础上发展网络教育，使之作为一种辅助性的拓展和补充，能够在一定程度上解决当前教育资源不足和不均衡的情况。根据1999年的统计数据，在我国只有不到10%的适龄青年有进入高校就读的机会，其中也包含了各类成人高等教育形式，而若将成人学历教育从中剔除，只有不到6%的人有机会接受高等教育。相比而言，发达国家中有30-40%的人可以获得高等教育。从现实来看，在一段时间的发展之后，网络大学的数量及其就读人数在急剧增加，同步甚至超过了正规学校的人数，这也帮助更多的人得到了获取高等教育的机会，满足了他们继续学习深造的愿望。

网络教育的价值和作用在于，使得全世界所有公民无论具有怎样的财富地位，不管所属阶层如何都可获取高品质的教育，也有进行学习的机会，这才会促成真正的教育平等。

三、改善人才结构驱动力

伴随着工业化发展，我国取得了很多的成就，但也出现了一些问题，其中人力资源的素质整体不高，便是限制社会和经济持续进步的重要问题，如若不能对该问题有效的处理，便会阻碍我国经济社会的进一步发展。当前的人力资源开发状况，意味着我国的教育事业需要进一步发展。首先，我国人均受教育年限只达到 5.42 年，与 1990 年相比仅仅增加了一年。其次，我国具有高中以上学历的人口比重不到 13%，每百人中只有不到三人受过大专以上教育。而在发达国家，该数据则多于二十。从当前来看，结构性失业问题在我国之所以广泛存在，一个重要原因便是人力资源的素质偏低。基于长远而言，如果不提高人力资源的素质，必然会阻碍经济结构的调整，也不利于产业的整体升级，进而会制约经济的持续发展，降低参与国际竞争的实力。

网络教育与正规教育肩负着相同的任务，都是向社会提供所需的人才。当前许多企业都支持员工继续接受教育，其目的是为了让员工的素质有所提升，进而为企业创造更多财富。其相对来说，企业员工只能在空余时间接受教育，他们不具备接受正规的学校教育的客观条件，而网络教育正好符合他们的学习需求，因此其受到了企业和劳动力的普遍欢迎，也蕴藏着很大的生源市场。此外，随着网络教育的进一步发展，也为社会提供了很多的工作岗位，增加了对网络工作人员的需求，需要部分人员了解网络课件的编制，需要一部分人进行网站的管理和运营，还需要一些熟悉网络教学的老师。需求的出现自然会推动人才的培育，这在一定程度上也促使我国人力资源的结构有所改变。正规教育培育的人才也有一定的局限性，他们的知识层面相对单一，所学技术也无法与经济发展需求相匹配，因此在就业后还需继续接受教育，这样才能在企业中更好地发展。而网络教育的出现，则使得上述需求获得满足。与传统教育相比，网络教育一个突出的特点便是即时性，这有利于迅速培育与社会发展需求相符的人才，使得这部分人员的应变性得到提高，也可根据现实需求通过网络来吸取相关的知识，进而将自己变成能应对各种需求的全面人才。

第四节　网络教育生态系统的演化规律

恩格斯说："对历史和自然界乃至我们的思想和精神活动进行考察时，能够看到的是由各种相互作用与联系交织的画面。"[1]生态规律就是生态系统或生态领域中事物和现象的本质联系。人们虽然不能创造和改变生态规律，但可以探寻、发现生态规律，认识和把握生态规律对生态系统形成、发展的影响。生态规律不仅使生态系统成为适应的系统、反馈的系统和循环再生的系统，还能够营造稳定发展的生态系统，进而促使整个生态体系在平衡中进化和发育，使它成为演变着的系统"[2]。

生态系统的不同组织层次会表现出不同的变化规律。马世骏认为，在生态学领域存在五个普遍的基本规律，其一是物质输入和输出的平衡规律，其二是物质循环转化的再生规律，其三是相互依存和制约的互生规律，其四是相互选择和适应的协同进化规律，其五是相互协调和补偿的共生规律，这对于我们认识和把握网络教育生态系统的生态演化规律具有理论指导意义。网络教育作为一种特殊的社会现象，同自然生物、人类社会一样，也存在着产生、发展、成长和提高的演化过程，这是社会发展的结果，也是生态规律作用的结果。对网络教育生态系统演化规律的探究，可以深化我们对网络教育生态系统发生、发展的认识，从而有目的、有意识地推动网络教育的建设。

---

[1] 马克思恩格斯文集(第5卷)[M]. 北京：人民出版社，2009：23.
[2] 余昌谋. 生态文化论[M]. 天津：河北教育出版社，2001：129.

一、自组织规律

自组织是自然界、生态系统和人类社会运动演化的一个普遍现象。"自组织"(Self – organization)概念最早由德国哲学家康德提出,后经比利时物理学家普里高津、德国科学家曼弗雷德·艾根、赫尔曼·哈肯等人的运用和发展而形成自组织理论。康德从哲学的角度认为,自组织事物的各部分彼此之间通过相互作用产生了整体。[①] 普里高津在创立"耗散结构理论"(Dissipative Structure Theory)时,对自组织理论体系的创建作出了突出贡献,他认为如果系统打破了平衡的状态,必须要从环境中不断地得到能量和物质,由此形成一定的负熵,并使系统的有序性有所增长,在一定条件下,就自发形成新的有序组织,也叫作耗散结构。普里高津还深刻地揭示了自组织现象形成的环境与产生的条件。[②] 艾根在研究"超循环论"(The Hyper cycle)时提出:分子自组织过程是普遍存在的,其通过超循环的组织形式,需要不断地进行复制和选择以完成信息的产生、累积和保持。还要形成整体统一的细胞组织,又要创造出多样性的生物。超循环的基本特点在于,不但能够完成自我的复制和再生,而且还能展开自我的优化和选择,进而朝着更高层级的状态进化。[③] 在哈肯看来,系统之所以能够不断的进化,其根本的推动力正是自组织的存在。正是由于各子系统之间所具备的协同和竞争作用,才会推动系统朝着更高的方向不断的演化和发展,只有具备上述功能和作用的才是自组织系统,而这和外部的指令形成了明显的区分。[④]

自组织理论虽然来自不同的学科和领域,但都认为开放系统在不断的发展演变中摆脱无序的状态,形成有序发展的内在机制。主张自组织是基于特定的环境和条件,在系统中各元素的彼此作用下,而具备一定结构和功能的发展过程。这是一个动态的持续的过程,使得系统的状态发生了明显的变化,改变了以往平衡、简单和均匀的表现形式,变成不平衡的、比较复杂的、但

---

① [德]康德. 判断力批判[M]. 邓晓芒,译. 北京:人民出版社,2004:223.
② 钟月明. 普里高津和耗散结构理论[J]. 广西师范大学学报(哲学社会科学版),1987(2):48-55.
③ 张四新. 论生态图书馆系统的自组织范式[J]. 图书与情报,2006(4):17-20.
④ [德]H. 哈肯. 协同学导论[M]. 张纪岳,郭治安,译. 西安:西北大学出版社,1981:60.

是有序的状态,进而推动了系统在有序的演变中逐步的进化。美国北卡罗来纳州立大学的陈洪教授指出:"'自组织'造就了系统有序程度即系统复杂性的提高。任何一个开放性系统,都需要借助一定的序参数的协作和竞争来体现其宏观性质。序参数可推动系统自组织的形成,进而在一定的协调和影响下,使得系统的各个部分都会形成类似的自组织,在众多自组织的影响下,系统形成了一种可以有序运动的发展模式。

组织理论不仅被视为"有机系统在演化过程中所普遍遵循的规律"①,近年来也被广泛地运用于组织生态、企业生态、信息生态等各种生态学的研究之中。如杨忠直在《企业生态学引论》中就运用自组织理论分析了自组织行为及其所导致的企业系统进化。② 王周焰、王浣尘认为:自组织的基本特征在于,智能体通过彼此间的相互影响和作用,将会产生更加稳定的新的行为模式或实体组织。该组织的所有层次都将具备新的特性,彼此间也将建立新关系。换言之,高层次的复杂适应系统都源自低层次的复杂适应系统,正是由于众多低层次系统的彼此影响和作用,才形成了更高层次的运行规则。张四新认为:自组织指的是,在不受外界扰乱的状况下,系统通过自觉方式来得到功能、时间或空间结构的过程。自组织普遍具备两种发展的方式,其一是组织层次不变,但其复杂性有所增加,这体现了组织的功能和结构实现了从简单到复杂的变化;其二是摆脱了非组织的状态,逐渐变成有序的发展,体现了组织由低水平向高水平的演化。

网络教育生态系统作为一种开放的生态系统,具有自组织的特质,自组织是其演化的规律之一,上述研究为我们研究和探视网络教育生态系统奠定了理论方面的基础。网络教育也是一个天然的生态系统,也具备一定的发展演化规律,而从其自组织的发展来看,并没受到外力的过多影响,主要实现的是系统本身的自我进化。

二、协同演化规律

如果说自组织强调了生物体(物种或种群)内部各生态因子或各子系统之

---

① 邵国焕. 农业生态系统演化规律研究[J]. 农业经济与社会, 1990(3):28-34.
② 杨忠直. 企业生态学引论[M]. 北京:科学出版社, 2003:36-37.

间的相互作用，推动了生物体（物种或种群）有序性的整体演进和提高，那么，协同演进则强调了生物种群与其他不同的生物种群，其与外部环境彼此间的影响和作用，以及其发展演化的规律及机制。

协同理论是德国科学家赫尔曼·哈肯在激光研究基础上，受普里高津和艾根的启发所创立的关于种群动力学和生物进化过程的理论。该理论以自组织理论为核心和基础，对非平衡相变进行了阐述，将其看作一个自组织过程，认为正是由于各子系统的影响和协同作用，才产生了系统的动力机制。协同理论不但分析了自组织的动力机制，而且强调了各子系统通过相互间的影响及协同行为，能够形成超越自身的功能，进而促成了系统整体的联合及统一。学者在研究生态系统的演进中，往往将自组织演化规律和协同演化规律合在一起，但现在也有学者开始从生物物种或种群的内外两个方面分开来进行考察，运用协同理论来突出两个不同物种，以及物种与环境之间的共同演进关系。如张真继、张润彤在研究网络生态学时指出，"协同演化一般是指两个或多个相互作用的物种在进化过程中相互适应的共同演化。从广义来解释，协同演化可以指生物与生物、生物与环境之间在长期相互适应过程中的共同进化或演化"，并将网络社会的协同演化机制概括为三个方面，即网络社会资源的协同演化、网络社会群体的协同演化、网络社会环境的协同演化。裴成发将信息运动生态系统解析为信息时空分布链、信息运动链和信息环境链，探究了促进信息运动生态合理演变与协同发展的方法和策略，认为要进一步分析信息的生态链、运动量和时空分布链，对其中涉及的政治文化、适应性、信息流偏离度以及结构合理性问题进行研究，对科技发展的相关政策与法规所具备的保障性展开探究，还要对各要素以及信息场彼此间的协同性问题展开探究。

生物既是环境的占有者，又是自身所在环境的一个组成部分。生物生长、繁育和活动的过程中，会受到环境的影响；反过来生物也会在一定程度上对环境产生影响，两者相互影响的关系体现了生态学的作用和反作用规律，也是"相互适应与选择的协同进化规律"。而从网络教育生态系统来看，各主体彼此间也产生了相互影响、制约、适应和竞争的关系，最终实现共同的发展和进化。如在网络教育生态系统中，学生与教师之间就是在相互适应和相互竞争中获得共同进化。

三、渐变与突变规律

渐变与突变规律是量变质变规律在生态演化过程中的具体体现。在生态学中，渐变和突变既是两种不同的进化观，也是事物发展的两种形式。19世纪，达尔文创立了进化论，第一次系统地论述了生命由低级向高级演变的进程，促进了人类对生命科学的研究，为相关学科的发展夯实了基础，亦使人们的世界观产生了根本性的变化。达尔文的进化论是最伟大的科学发现之一，在本质上是渐变性理论。在达尔文看来，任何生物的进化都不是飞跃完成的，都需要生物个体经历长时间的自然选择，通过极其细微的变化完成逐步的累积，最终达到物种的变异并形成新的物种。但是伴随着生物学的进一步发展，达尔文进化论的历史局限性被人们所认识，并由此提出了生物进化的突变论。1972年，古尔德与埃尔德雷奇基于众多的事实构建了间断平衡论，对生物进化的过程提出了新的见解，认为这是一个跃进与渐进交替发生的过程，过程中可能发生基因突变，也有可能受到地理阻隔的影响，逐步形成了间断平衡的进化模式。

自然界中的各种运动都同时具备突变和渐变两类发展形式。大量研究表明，低层次的基因突变为生物的进化提供了重要的前提，也为自然选择提供了相应的材料。在现代生物学家看来，种群的进化需要依托于分子水平上大量随机的中性突变的累积。所有的自然过程，都蕴含了突变和渐变两种形式，事物在不同条件和不同情况下会相应采取两类变化方式。突变论学者R.托姆主张，不可将普遍意义的突然变化等同于自然界的突变现象，后者依托于渐变的前提，具备广阔的发展前景，会形成一种无法准确预见的变化。

生物演化的渐变和突变规律，现在已被引入到社会生态系统的分析中。娄策群教授等在研究信息生态系统的进化时，就根据一定时间内信息生态系统变化的大小，对其进化方式进行了分类，认为其包含渐变式进化和突变式进化两种情况。学者们主张，如果信息生态系统发生了突变式进化，将会在极短时间内，直接出现无过渡的巨大变化。而之所以会出现此种变化，则是因为受到两大因素的影响：其一是系统内部某关键要素突然发生改变，而该要素会在很大程度上影响到系统的其他要素，所以导致系统整体发生了突变；其二是外部环境出现了突变，为了更好地与外部环境相适应，以得到足够的能量和信息，所以信息生态系统便需要在极短的时间内发生相应的改变。相对来说，信息生态系统如果发生的是渐变式进化，其整个变化过程速率比较慢，其内部的结构会在稳定的状态下完成质变的过程。在此变化过程中，系统本身具备清楚的规划，而各个部分的变化轨迹也比较明确，相互之间更能形成协调配合的状态。

在网络教育生态系统中，环境、信息与信息人各自位于不一样的生态位。如若某个生态因子产生了质的变化，就可能取代其他的因子处于新的生态位，进而推动系统整体向更高水平演变，致使系统发生突变。如由于信息技术发展所导致的网络教育技术系统的提升，使网络教育产生我们通俗意义上的"第一代""第二代"和"第三代"，之所以称其为"代"，就是存在着质的变化。再如，网络教育建设被列入教育业发展规划，由此带来网络教育外部环境的极大改善，也表明网络教育发展进入新的阶段或新的时期，从网络教育的发展历程上看，其或许成为网络教育发展阶段性的标志，从某种程度上而言，这也是网络教育生态系统发展的一种突变。

就网络教育生态系统而言，之所以会发生突变和演变两种不一样的演化规律，是因为系统本身的运行存在一定的平衡与不平衡性。从总体上来看，网络教育系统的运行多数情况下处于动态平衡的状态，如若某个生态因子吸取了足够的能量而达到新的能量级，便会突破原来的平衡，并逐步形成新的平衡状态。网络教育系统总体上处于长期的动态平衡中，渐进的演变是其常规的状态，而如若平衡状态被突然打破，便会导致整个系统进入突变期。这些都体现出网络教育生态系统演化和运行中的复杂性和相互关联性。

四、遗传与变异规律

遗传与变异是促使生物进化并形成新物种的基础，在生物界中是一种普遍的现象。任何生物都具有遗传的属性，这是一种亲子代的相似现象，其实质是生物基于亲代发育的方式和途径，从外部环境得到一定的能量和物质，由此形成与亲代极为接近的副本。正是因为生物所具备的遗传属性，才能保障整个生物界能够维持一定的稳定性，使人类可以识别包括自己在内的生物界。自然界千千万万种生物能够保持各自的特征，拥有各自形态结构和生理功能，并有序地生存、生活，并繁衍子孙后代，正是由于自然界的遗传特性。但自然的神奇之处，就在于生物不仅具有遗传的特质，而且还存在变异的特质。变异不仅造成个体间的差异，形成生物的多样性，还促使生物不断进化。没有遗传，各种生命特征难以延续；而没有变异，生命则失去进化的活力。遗传和变异这一矛盾统一体，维系着生命的延续和演化，也构成了人类文明进化（包括文化、科技、物质文明、知识、观念）的内在动力。

在组织生态学领域，生物的遗传与变异规律，已经被用来解释组织的发展与演变。组织种群生态模型认为，所有的组织种群生态都在持续地发生变化，在种群内部随时都会形成新的组织，从进化过程来看，基本包含三个阶段，其一是变异，其二是选择，其三是保留。变异指组织种群中会持续产生新的组织形式。以企业这种组织为例，其变异的发生通常都有这样几种途径，一是企业家本身倡导的、由风险资本着手建立，或者是由政府建立以获取新的服务。部分组织之所以会设计成特定形式，是为了与外环境的期待相符。组织的变异在很大程度上接近于生物变异，都使得组织的形态更加的多样化和复杂。而在形成的新组织中，某些变种能够更好地与外部环境相适应，能够在外界迅速获取属于自己的领地，并在环境中得到发展所需的资源，最终能够存活下来；而有些变种无法在新环境中生存，也不能满足新环境的需求，便逐步走向消亡。在众多的变种中，只有极少数能够被环境保留和选中，得到生存发展的机会，而这便是选择的结果。也有的学者从组织结构惯性的角度进行了类似的研究。汉纳和弗瑞曼（1984）建立了结构惯性理论，在很大程度上补充和丰富了组织变革的有关研究。该理论十分关注组织变革的过程，认为不但要对组织的内部惯例进行分析，还要探究其与外部交易关系脱节的相关问题。该理论认为，与环境条件的变化速度相比，一个组织重组的速率要慢得多，对组织的核心特质进行变化极有可能使其绩效受到损害，也有可能让其遭遇失败风险。任何一个组织都会有一定的惯性，而随着组织的规模和年龄的改变，这些惯性也会发生变化，年长的组织其结构会更加稳定，在权利分配方面也会形成明确的制度，会形成一些标准化的规范和惯例，所以其结构惯性相对来说更强。

网络教育作为一种新的教育形态,从组织生态学的角度看,它存在两个方面的遗传和变异。一是传统教育的遗传和变异。网络教育继承了传统教育对教育资源的存储、保管、利用的功能,同时又以完全不同的载体和组织方式在进行管理。可以说网络教育首先是教育,需要满足教育的一切需求,核心是一致的,而形式是不同的,这正是遗传和变异规律的体现。二是网络教育及其生态系统在不同进化阶段的遗传和变异。网络教育在不同的发展阶段,其结构、功能会逐渐完善,对社会的适应能力会进一步增强,但网络教育的基本特征、基本结构、基本功能不会改变。这些基本特征、基本结构和基本功能(即遗传信息)会通过网络教育的"组织惯性"或网络教育自组织过程中的积累、复制,而保持和延续下去。

网络教育与传统教育目前仍是一种"共栖"关系,网络教育是教育的功能拓展,两者在生态位上既有重叠又有分离,这将是一个长期的演化过程。在网络教育生态系统发育、完善的过程中,必将不断创新结构形式、功能需求和运行模式,在继承(遗传)中发展,在创新(变异)中演化。

五、发育进化与效益递增同步规律

著名遗传学家和进化生物学家杜布赞斯基说:"如果没有进化之光,生物学的一切将变得无法理解。"生物演化的道路是曲折的,表现出种种特殊的复杂情况,甚至还存在特化和退化现象,但总的趋势还是呈现出演化的进步性。地球最初由一些无细胞结构的生物组成,正是在发展演变的过程中形成了有细胞的原核生物,又经过漫长的演变形成了真核单细胞生物,之后因为发展方向的不同,逐步又产生了动物、植物和真菌。生物界的历史发展表明,生物演化是从水生到陆生、从简单到复杂、从低等到高等的过程,表现出进步性的发展趋势。在生物界的前进运动中,可以看到不同层次的形态结构的逐步复杂化和完善化、生物遗传信息量的逐步增加、调控的不断完善以及对环境分析能力和反应方式的不断增强。

网络教育是社会有意识建构的人工生态系统,而随着人们能够更加自主地控制数字教育的信息资源,促使整个网络教育的生态系统在其演化过程中也呈现出进步性或进化性,这种进步性表现为:一是有序程度的提高。网络教育生态系统虽然存在无序化现象,如网络教育个体的衰退或系统平台的混乱,但总体的发展过程是不断提高有序性的过程;二是不可逆性。人类"返回自然"是不可能的,网络教育在发展的过程中,遇到困难,退回到传统状态或取消网络教育建设,也是不可能的。这就是生态发展规律;三是网络教育种群量和活动空间的扩大。网络教育生态系统的发育和进化在时间和空间两个维度都出现了明显的变化,在空间层面其种群数量在大幅增长,范围在持续扩张,在时间层面其发展的速度在加快;四是稳定性的不断提高。网络教育演化和运行中,存在着平衡和不平衡,旧的平衡会被打破,新的平衡又被建立,但总体趋势是朝着平衡的方向发展,在动态中,逐步增强其稳定机制。

与此相对应,网络教育的功能也趋于专门化、生态效能逐步增高。就生态系统而言,在不断进化和有序性提升的过程中,系统内部的能量和物质得到了更好的利用,实现了更高的转化率,进而使得整个系统的生物量大幅增加,生产力显著提高。在网络教育生态系统中,实现生态系统发育进化与效益递增的同时,其重要的机制就是网络教育的"边建设、边利用",网络教育是在建设中利用,在利用中建设和完善的,是一个融合互生、互相提高的过程,而不是等到网络教育建设完善后才为社会提供教育信息服务。所以随着整个网络教育生态体系的优化和改进,在不久的未来其效益也会日渐增强。

第五章 网络教育生态系统的信息资源构建

教育信息资源既是网络教育生态系统中的核心生态因子又是网络教育生态系统形成和发展的资源基石。网络教育信息资源建设是网络教育建设的核心问题，在网络教育生态系统建设中居于首要地位。网络教育如果没有优质的、丰富的、独特的网络教育信息资源，就会成为空洞的技术堆砌，就会成为"无本之木、无源之水"，失去建设的意义。

第一节 网络教育信息资源概述

一、网络教育信息资源的形成与发展

信息化的到来，促使世界各国都关注教育信息化建设，而在该项事业中，数字化教育资源的建设显然是重中之重，对整个教育信息化的发展将起到关键性的影响和作用。我国自20世纪80年代便着手推进教育信息化建设，过程中投入了巨大的人力和财力，在数十年的发展之后，我国在数字化教育领域成就斐然。

而伴随着网络和通信技术的发展，在数字化教育建设事业中，毫无疑问网络教育资源建设将成为新的热点。尤其是进入21世纪后，国家相关教育部门先后划拨了多个专项资金，以推动我国网络教育资源建设持续快速发展。

各个高校也加入了网络教育资源建设的进程，各种关于职业教育、高等教育以及基础教育的网络教育资源库相继建成，各种类型的学习论坛和社区也大量涌现，在一定程度上都推动了我国信息资源得以快速流动，推动了教育资源在更大范畴内实现共享与高效整合，进一步推动了教育事业的平衡发展，有利于实现真正的教育平等。

我们之所以开展网络教育资源建设，是为了让人们的学习需求得到更好的满足，帮助人们提升综合素质。与传统的学习方式相比，网络教育资源能够提供多样化的学习渠道，学习的内容也更加精彩纷呈，有利于提升学习的效果，对于学习者来说无须单纯依赖教师和课本，因此人们逐渐倾向于通过网络展开学习。而各种各样的网络教育资源，为人们提供了更多接受高品质教育的机会，使得教学的时空观也有所扩展，在一定程度上帮助人们摆脱了沉重的基础性学习，在不同程度上帮助学习者在操作和认知方面都实现了能力的提升。而且，网络教育资源的普及和利用，还将推动以学生为主体的教学模式的发展，越来越多的人倾向于借助网络进行学习，让我国网络教育资源在应用方面也有所建树。当前我国有近70所高校构建了远程教育试点，也构建起了职业教育远程评估信息系统，依托于网络的非学历培训和职业教育也发展到了一定的规模。当前各种形式的教育资源库越来越多，教育系统办公信息网也已基本构成。不过，虽然网络教育资源在不断的增加和丰富，形成了各种各样的教育资源库，但仍存在许多的问题。

二、网络教育信息资源的定义

1. **信息资源**。在明确网络教育信息资源的概念之前，需要先对信息资源的概念有所认识。信息资源是一种源自资源和信息两个基本概念，并对其整合而形成的新概念。信息是一种普遍的客观存在，但有一些信息不是资源，只有符合特定条件的信息才可叫作信息资源，信息一旦具备了资源的属性，也便具有了价值和作用。简单地讲，信息资源就是可以利用的信息的集合。"[①]可基于以下两个不同的角度，对信息资源进行理解。从狭义层面来看，信息

[①] 杜栋，蒋亚东. 企业信息资源管理[M]. 北京：北京交通大学出版社，2006：23.

内容本身便是所谓的信息资源;而从广义角度来看,信息资源不但包含了信息内容,也涵盖了信息、信息设备以及信息人等和信息存在一定联系的事物。

2. **网络教育信息资源**。在狭义层面上对网络教育资源进行理解,可将其看作是基于信息网络这个平台,围绕着某个教学任务和教育目标,在经过系统的整理与加工之后获得的有助于技能和知识提升的教育内容。按照国家远程教育技术规范,网络教育资源指蕴藏了一定的教育信息,可以产生教育价值的,尤其是可以在网络上传播和分享的各类教育信息;广义的网络教育信息资源是指纳入网络教育建设范畴的一切信息资源,包括:网络教育信息资源、通过网络与之链接的其他网络教育信息资源,以及与网络教育紧密相连的信息人、信息设备、信息管理系统、信息网络等,一般指基于信息网络这个载体,有助于学习者技能和知识提升,对其思想观念产生一定影响的,具备教育属性和功能的内容,而本文所研究的网络教育信息资源是指狭义的信息资源。

三、网络教育信息资源的类型

1. **状态型教育资源**

这是以文本信息形式呈现的教育资源,传播的是与教育状态有关的各种信息,据此可了解不同地区的教育活动,让人们能够对教育事业当前的发展情况有所认识。其基本的特征是时效性很高,能够对信息进行很快的更新。典型的状态类教育资源主要有教育政策法规、教育新闻、教育服务以及招生考试类信息等。

2. **理论型教育资源**

这类资源指的是教育工作者在长期的科研活动和教育实践中凝结出的理性思维成果,其中就包含了一些探索性的创新和见解,也有一些具有规律性的普遍的结论。此类资源主要包含不同领域的科研动向、各种类型的教育研究信息等,其内容广泛涉及教育管理教育的形式、内容、方法以及各种基础性的教育理论等,常见的载体是精品论文、科研成果、教学课件以及教案等。

3. **经验型教育资源**

此类资源是教育者从自身的学习感受出发,总结出来的学习方法或形成的学习经验，以及在教育教学实践中所形成的成果总结。这类资源一般用来让人们进行学习交流，彼此沟通教育方面的看法和见解，常见的形式是各种类型的学习社区和论坛。

4. 实践型教育资源

此类资源一般是指网络远程教学资源，通常应用虚拟课堂的教学方式，借助于多媒体技术搭造起一个用于学习的平台。可让参与者利用在线交谈或电邮等方式形成与导师之间的沟通和联系，进而得到学习方面的指点与引导。另外还可构建起学习群体或者是学习小组，让具有共同学习目的的人员展开协作式或讨论式的学习，彼此之间能够沟通学习方面的心得体会，这类资源主要包含不同类型的网络学校或者在线学习课程等。

四、网络教育信息资源的特性

1. 网络教育资源的多维性

网络教育资源是供学习者使用的，而参与网络教育的学习者本身所具备的个性化特征，也使得资源要具备一定的多维性。资源不但要拥有多种多样的功能，而且还要包含不同的组成成分。换言之，网络教育资源不但要具备不同层次的结构，而且还需包含形式不同的种类。

结构的层次化，指的是优质的网络教育资源必须包含不同功能，可基于不同层次对学习者产生一定的指导和促进作用。其中既要涵盖一定的导读导学的资源，也要涵盖与课程内容具备较大关联的各类资源，还要包含有利于学习者拓宽知识面的各种补充性资源。相对来说，在海量的网络教育资源中，占据最高比重的应该是基础性的知识资源，中高难度的知识数量相对要少一些。种类的多样化，指资源的来源不但要多样，而且其呈现的方式也要多种多样，以此彰显资源的特性。比如部分资源用来做学前准备，部分资源用来过程补充；部分资源可由老师提供，部分资源可由学习者自主推荐；资源可以自主开发，也可对已有资源进行加工或直接引用；资源可表现为图片和文本等静态的呈现方式，也可表现为结合动画和声音的动态表达；资源可借助于 PPT 和 word 等来展现，也可借助于视频和网页来呈现；资源可表现为文献资料或者是课件，也可表现为工具库或试题库……

第五章　网络教育生态系统的信息资源构建

网络教育资源具有如此多样的层次和不同的类型，这使其资源的空间得到了极度的扩展，使得资源整体具备优良的稳定性。若某项资源无法与学习者的需求相符，与该资源类似但属性不一样的资源便可及时对此空白予以填补。所以，网络教育资源所具备的多维性特征，使得学习者可以获得充足的选择机会，为其学习提供了全面的帮助，能够推动他们更好的成长和发展。

2. 网络教育资源的再生性

网络教育资源在不断地与外部环境进行能量和物质的传递与交互，一旦获得有用有价值的信息，便可能衍生和分化出新的内容，以此促进自身的延续性发展。基于生态学视角而言，以上体现了网络教育资源的再生性，这与生物利用各种方法和途径繁衍后代，实现种群数量的扩充具备相同的原理。正是由于再生性，才保障了网络教育资源能够持续地提升其品质并增长其数量。

学习是一种交互的过程，期间学习者需要与资源之间发生一系列的互动，他们的经验和知识等也会对资源形成一定的补充，而这在一定程度上也促进了教育资源的再生。首先，学习者在使用资源的过程中，通常会形成一些新的看法或观点，而这与原有的资源之间具备一定的联系，可以变成促进资源演化的重要原料。而对其经过一定的提炼和改进，也可能转变为新的课程资源，进而让总体资源更加丰富。其次，某些教育资源，比如一些开放性的任务，或者要求学习者彼此互动的问题，更能得到学习者的认可，吸引他们的注意力，此类资源一般能得到更多的信息和能量输入，并促使自身通过演化而形成新内容。最后，随着外界环境的变化，课程中一些落后的资源逐渐被淘汰，在经过一定的提取和分解以后，以新的形式融入其他资源而获得再一次的利用。分析可知，只要发生了学习过程和行为，只要出现了能量和物质的流动与循环，就能促进教育资源不断的再生。

网络教育资源所具备的再生性非常重要，这使得资源可利用学习者所输入的能量和信息来实现对自身内容的充分利用以及无限循环，进而实现了资源本身品质的提高与数量的增加，扩充了资源总体的种群数量，并实现了自身的延续性发展。

3. 网络教育资源的演化性

学习资源持续地与外部环境发生着能量和物质的转化与交换，这体现了资源的演化性。对于学习资源的价值，主要根据学习者对资源的使用程度为标准来进行评估，学习者自身的变化和发展在一定程度上影响了学习资源的变化和发展，所以能与学习者需求相辅的资源，必然能够获得不断的更新乃至实现自身的演化。

正是因为演化性才推动了网络教育资源的持续发展和生长。对于无数资源个体来说，借由此类过程可以吸收外界新内容而丰富自身的体系，促成自身结构和内容的重组与更新，或者将本身不合理的内容予以剔除，优化个体本身的组成成分。从结果来看，网络教育资源所具备的演化性，推动其从不成熟走向成熟，从不完善走向完善，从简单走向复杂，不断向更高一级发展。

第二节 网络教育资源应用中存在的问题

一、网络教育资源陈旧、更新缓慢、冗余资源过多

网络教育资源具备突出的时效性，而且也容易更快的传递。在对资源进行查询和利用的过程中，很多使用者会发现某些资源已经过时或者不再具备使用价值，这便导致网络资源建设过程中会出现一种问题，即资源的更新速度比较慢，部分陈旧的资源仍然存在。比如，许多省级甚至国家级的精品课程，其在使用过程中发现不能准确链接到课程页面，而某些资源性网站在很长时间内都没有进行更新，部分课程网站自发布之日起便没有更新，也未针对内容进行维护或必要的增减，产生了"一次性建设"问题。由于缺少对网络课程资源的必要维护和更新，使其展现为一种固态化的形式，产生了资源更新慢和陈旧性的问题。

网络教育资源不但容易获得，而且也容易复制，所以基于共同的网络环境，部分资源会在不同的地区和时间被大量复制，这导致资源总数迅速增长，但是其中却包含了许多重复性的内容。这些冗余性的教育资源，不但使得学

习者在检索资源时更加困难,使得他们开展网络学习的难度增加,也导致品质优良的教育资源难以被发现。

二、资源异构、缺少有效定位

当前网络教育资源也已发展成一种不可或缺的重要学习资源,人们可随时随地利用网络来获得教育资源,但怎样从无限的网络教育资源中,及时准确地找到与自身需求相匹配的资源,便成了一个需要及时解决的问题。对当前的学习者来说,他们要解决的不是资源匮乏的问题,而是缺少有效有价值的资源,以及无法准确找到所需资源的问题。

人们一般通过两种方式来对网络教育资源进行检索和查找。第一种是进行目录型检索,也就是依托于资源的树形结构,利用目录来对自己所需资源进行查找,此种方式的优点在于帮助学习者更快发现资源,能够节约时间。但是随着各个学科的快速发展,尤其是许多学科彼此之间的交叉和渗透,致使当前许多学科的资源分类发生了目录紊乱的问题,而且不同的资源网站在目录组织方式和分类习惯上也有所差异,这就导致使用者在利用这种方式查找资源时面临着一定的问题。第二种是利用搜索引擎来进行资源查找。借助这种方式可对整个网络资源,尤其是特定网站的资源数据库进行检索,通过关键字便能迅速找到资源,但是此种方式也有可能找到一些没用的资源,检索的准确率不高,还需使用者花费大量时间甄别资源的效用,并且因为各资源网站在组织结构上有一定的差异,缺少规范性的检索和分类体系,这也导致资源的获取上有一定的困难。

三、优质网络教育资源的形式单一,无法满足用户的个性化需求

网络教育资源建设是一个复杂的工程,需要集合各方的力量来共同完成。从当前来看,网络教育资源一般以免费的形式向使用者提供,无法获得直接的收入,但是对资源进行开发却需要投入较大的财力和人力,因此许多商业机构并不愿意进行深度的参与,多数是一些教育机构的教师在开展网络资源的开发和建设工作。

一线教师本身具备足够多的教学经验，在理论知识方面也不匮乏，他们基于教学实践和经验开发的网络教育资源，从内容上来看一般与学习者的需求相符，通常都能形成一些比较优良的资源成果。不过教师本身缺少信息技术方面的专业性，而且他们的这种开发工作属于无偿的劳动，教师也没有能力在其中投入过多的精力，所以多数是通过文本和图像的形式来对资源进行展现，很少有动画、音频或视频形式的教育资源。而学习者人数众多，他们的文化背景、职业习惯各不相同，对于资源的需求也不一样，所以他们往往对于网络教育资源会提出个性化的需求，希望得到多种多样的、符合自身需求的资源形式，而当前的教育资源形式比较单一，使其需求难以获得满足。

四、网络教育资源缺少评价、缺少信息反馈

网络的发展使得资源的空间得到无限拓展，让学习者能够根据需求随时得到相应的资源，但是由于网络信息的急剧增长，也导致了许多无序和无价值的资源出现，甚至引发了信息污染。这种情况在网络教育资源中也有所表现，使得网络教育资源存在着优劣之分。因为互联网具有高度的开放性，当前又缺少信息发布和资源开发方面的严格标准以及监督与审查机制，这使得网络教育资源的品质基本受制于两个主体，分别是信息发布者与资源开发者。与报刊的出版不一样，网络教育资源无须经过严格审查便能在互联网上发布，而且此种发布具备一定的随机性特点，任何人任何组织都可进行资源发布，这也对资源的效用和真实性造成了影响。

因为网络教育资源未必都是有效和真实的，这使得人们对于资源的价值产生了质疑。使用者在检索和寻找资源时要花费大量的时间，而此类资源一般也没有专家或使用者的评价，没有具体的定量的评价标准，导致人们对资源的使用无法进行有效的鉴别，使得其中充斥了大量无效的甚至错误的信息和资源。所以，当前应针对网络教育资源构建起相应的评价体系，促使信息和资源的开发人员以及使用人员彼此之间进行交流与沟通，给予使用者对信息进行评价的机会，通过一定的信息反馈帮助后续展开更有针对性的资源开发。总而言之，利用评价和反馈，帮助使用者快速筛选并找到自己所需资源，将不良的、有害的信息剔除，可以优化整个资源生态环境，保障网络教育资源的稳定运行,促使其实现有序的组织形式,也有利于需求者更好更快地进行资源检索。

五、资源重建设轻使用、重硬轻软

互联网发展至今一直存在一个问题,即重视硬件建设而忽视软件建设。尽管伴随着各种新技术的出现,上述问题在一定程度上有所改善,但是还有很多问题没有解决。此类问题也同样出现于网络教育资源的开发和建设中。笔者对现有文献进行梳理发现,当前关于网络教育资源建设的研究成果数量众多,但是与应用有关的成果却较少。换言之,人们在资源建设方面总是期待找到一种符合预期的资源建设标准与组织结构,对资源的设计和开发投入了太多关注,对资源的管理也进行了一定分析,但却没有重视资源应用和有效性的研究。我们之所以要开展网络教育资源建设,最终目的就是促进对这些资源的利用,建设只是前期的基础性工作,应用才是终极目的,切不可本末倒置,也不可一味地开展建设却忽视了应用。

第三节 网络教育生态系统信息资源的构建

一、网络教育生态系统信息资源的构建原则

1. 时效性原则

网络教育资源作为信息类资源，其价值受到时效性的重要影响。与其他资源相比，信息资源对时效性的要求更高，时效性强的信息价值较高，而滞后性的信息则不具有任何价值。尽管时效性是信息资源所具备的突出特点，但这并不代表对其利用的时间早就必然能取得更好的效果，两者之间并无必然联系，早投入和早利用在一些情况下能促进其使用价值的发挥，但也有可能产生相反的效果。而且，部分信息资源还会伴随时间的推移而实现自身的增值。因此，信息资源的时效性具备更为丰富的内涵，及时性只是其中的一个方面，对其进行开发和利用的时机更为关键。所以，信息资源的使用者必须要看准时机，在恰当的条件下对此类资源进行利用，才能促成其价值的更好体现。

2. 整体性、系统性原则

基于生态学视角而言，各种彼此作用和影响的要素共同组成了信息生态系统。而从网络教育资源建设来看，开发者、使用者、管理者、评价者以及网络环境和资源，则共同凝聚成了这样一个复杂度更高的信息生态系统。在网络教育资源的开发以及建设过程中，相关要素彼此之间相互影响和作用。因此，在网络教育资源的开发和建设中不可忽视这些要素彼此间的影响和作用。在正式开发建设以前，必须先分析教育的内容和目标，了解受众的特点，选择恰当的资源表现形式，明确合理的资源结构和组织体系，选择有效的开发工具以及平台，而且开发者和教师之间也要经常进行交流。在资源的开发环节，必须关注系统的整体性，重视各组成要素的发展变化，以及彼此间的影响和作用，通过统筹兼顾的方法促进各要素的有机融合，进而使得开发的资源具备更高的价值，并充分实现其价值。

3. 经济性原则

当前，在国内网络教育资源开发和建设工作中，教育机构和一线教师是开发工作的主体，资金多源于国家教育主管部门的支持，相对来说商业组织参与的不多。网络教育资源的开发和建设需要长期的人财物消耗，因此过程中必须坚持经济性原则，以较少的投入取得更好的效果，其具体包含了三个方面的经济性：其一是开支的经济性，指要尽量用最少的支出开发出更多的与学习者需求相符的资源，不能罔顾学习者的现实需求，没有目标地进行资源开发，这样必然会造成许多资源的无端浪费；其二是时间的经济性，指要优先开发对线下教育教学工作有帮助的各类教育资源，也就是要求合理选择开发的时机；其三是学习的经济性，指要重点开发对学习者来说易学、有趣的又便于利用的各类资源。

4. 动态性原则

网络教育资源的建设和开发，属于综合性很强的整体系统，过程中诸多的要素参与其中并相互制约、影响、联系和作用，这些要素在建设和开发的完整过程中并非永恒不变的，要素彼此间、与外部环境间也都时刻进行着能量、信息以及物质的交换。换言之，在资源开发的过程中，由始至终整个系统都保持了动态的平衡状态。比如，局部的网络环境发生改变，开发者的正常交替以及资源在内容方面的更新等，上述要素发生的动态变化也都融入了开发和建设的过程中。而从系统本身来看，需要持续地与外界展开能量和物质的交换，这样才能保证开发过程的顺利进行，所以坚持动态性原则，将有利于维护系统的动态平衡，也能推动开发与建设工作更有序地展开。

5. 规范性原则

网络教育资源的生成并非杂乱无序的，而是要根据一定的技术标准来展开规范化管理，而且还要赋予资源以相应的标识来进行统筹配置和利用。这样才能保障生成的资源具备优质的跨平台性，可以在各个平台中进行共享与利用，使得资源具备突出的实用价值，提升资源的品质和应用效果，也使得资源再生的成本有所降低。当前，一般遵循的是《教育资源建设技术规范》等各种建设标准，这些标准明确了在开发资源方面的技术要求、资源系统需具备的功能要求等，有利于更加规范有序地开发教育资源。就资源建设的实际情况来看，在实践领域可重点参考以上规范，通过分类的方式来管理各种网络教育资源，并展开必要的甄选及相关的评价工作。

二、网络教育生态系统信息资源的构建策略

1. 呈现多元信息，提供营养丰富的资源供给

在大自然中各类生物形形色色，姿态各异，这些或相似或不同的物种尽管数量众多却并不混乱，由此打造了一个具备自调节能力且丰富多彩的环境系统。与之相比，当前国内的教育资源总体上丰富度不够，建设水平也不高，各种有利于教育教学的优质教育资源数量较少，未能有效彰显教育信息化的作用和价值，甚至导致部分公众对教育信息化产生了错误的理解。从网络教育生态系统来看，这是由于学习者具有各不相同的个性色彩，因而必须保障学习资源也要具备多样化的特点，所以优质的学习资源必须要具备更多的结构层次和丰富的类型，这样才能打造一个更加灵活多样而富于包容性和开放性的学习环境，帮助学习者从自身的趣味爱好出发，选取与自身相符的学习资源，进而得到个体的发展与成长。这些丰富多彩、属性各异的资源相互间又具备一定的内在关联，必然能推动系统实现最高的整体效益。所以，网络教育生态系统的建设必须要展开资源的多维预设，必须要保障资源的类型是多种多样的，这不但要求提供形式多样、内容多彩的学习资源，还要求资源的难易程度要适中，层级要清楚，整个资源系统具备多维的、科学的、清晰的组织结构。

（1）学习资源来源途径的多样化

预设资源需要具备各种各样的提供方式，这样才能彰显资源本身所具备的优势和特征，也能够保障学习者进行自由灵活的选择。从制作方式来看，可至少提供三类资源，分别是自制资源、直接自外部引用的资源和经一定加工处理的非自制资源。可将网络课程按照其来源划分，形成网络课程的外部链接以及站内资源两种类型。可根据不同的推荐者对学习资源进行划分，任课教师、助学者、以往学习者都可推荐资源，而既有的学习经验和学习成果也是重要的资源类型。此外，伴随着学习的展开，可能会形成部分过程性资源，而这些也是开展未来学习的重要预设资源。通过多种多样的资源来源途

径，既保障了资源的多样性，也保障了学习者能够具有更多的资源选择。

(2)学习资源呈现方式的丰富性

预设资源需要具备不同的存在方式和类型，这样才能彰显各类知识点的特征，进而保障这些知识点能够最大化的获得展示。基于呈现方式而言，可综合利用动态的动画、声音与静态的图片、文本来对学习资源进行展现；既可借助视频网站，也可借助 flash 、PPT 和 word 等来对学习资源进行展现；既可通过工具库、试题库也可通过资料文献、课件等方式来对学习资源进行展现。学习资源的形式存在差异，但这并非评估资源优劣的标准，只有与需求相匹配的学习资源，才能起到提升学习效果的目的。所以，要综合参考学习者的需求以及知识点和学科的特点，选用恰当的资源展现方式，借助友好的交互、精准的导航等，尽可能帮助学习者实现对资源的利用和吸收。

2. 提高学生的信息素养，打破花盆效应的限制作用

当前我们已经进入了信息时代，而新时代的人才必须要具备一定的信息素养，这样才能借助各种技术工具，来及时准确地找到自己需求的信息。在将来的社会，掌握一定的信息技术是所有公民都应具备的基本技能，当前的教育目标也发生了一定的变化，不再单纯关注学生对课本知识的掌握，也非常重视对学生自学能力的培养，这反映了社会的发展变化以及对人才需求的变化。在整个学习活动中，教师只是指导者和辅助者，学生才是真正的主体，但教师的合理指导能够在一定程度上促进学生的学习效果，因此教师要做好学习活动中各个环节的指导工作。在刚开始展开一项学习活动的时候，教师要让学生明白本次学习的目标和计划，帮助学生明确要努力的方向；在学习过程中，要注重对学生进行必要的指导，展开监督和管理工作，发现问题要及时进行纠错，还要尽可能帮助一些自身学习能力不好的学生；在学习活动完结以后，需根据一定的标准来对学习的成果进行评估和检测，具体的评价手段包括自评和教师评价等；最后，还要引导学生对本阶段的学习情况进行总结，明确自己的得失以及原因，帮助学生形成良好的心态，能够以更好的状态投入未来的学习。只有学生进行自主化的学习，教师又辅以必要的指导和帮助，两方面相互促进和影响，才能促进学习效果的大幅提升。

一个高效的学习过程需要学生和老师展开有效的沟通和交流。而当前有许多支持交流的软件和工具，比如利用电子邮箱、博客、班级空间等进行交流，也可依托在线的学习平台，师生之间沟通学习方面的心得体会，据此帮助学生得到有用的信息，提升他们自主学习的能力，促进其认知结构的重组。还可借助于MSN、QQ等各种社交软件，来对学习的过程和心得等进行交流，构建良好的在线社交关系，这需要学生具备一定的信息技术能力。

为促进交流的有效性，教师要注重培育学生的信息技术能力。此项工作要在教育教学工作中逐步渗透，指点学生在互联网空间中怎样更好的搜集和处理信息，怎样利用多样化的网络教育资源，怎样在开放性的环境中更好的学习。在整个教育信息化的发展过程中，教师的作用不言而喻，因此必须对教师展开相应的信息技术培训，使他们的能力相应得到提高，促使他们自觉自发地利用教学软件并参与一定的教学资源开发工作。如通过学科小组活动，让所有教师进行深入的交流和探讨；基于网络平台打造教师学习共同体，让教师们能够共同分享各种优质的网络资源，在开放性的资源环境中共同学习和成长；通过专家的指导帮助教师更好的发展。而且，这样的团体有利于实现知识的累积和沉淀，还凝结了所有参与者的智慧，能够与外部的环境不断的交流，有利于打造更高层级的共同体。在教师和学生的相互配合与努力下，必能促进教育生态系统的良性发展，进而打破花盆效应的约束和限制，维系系统的动态平衡与稳定协调。

3. 利用优胜劣汰的竞争促进资源整体优化

各种各样的学习资源，尤其是内容相似的部分，在能量输入、生态位以及生存空间方面会展开为生存而发生的竞争。在这种情况下，只有少部分具备强大适应能力的个体能够留存下来并维持生长，不具有良好适应能力的则会被剔除甚至淘汰，这其中蕴含了优胜劣汰的自然法则，其作用是有利于资源的循环进化，保障资源总体维持优良的品质。

（1）基于反馈信息的资源生存选择

资源的优胜劣汰，究竟基于怎样的选择标准，主要取决于两个基本要素，其一是学习者在学习方面的需求，其二是社会在教育层面的需求，这两个因素都对资源个体的命运产生了较大的影响。与社会环境等的影响相比，学习者对资源的需求显然具备更大的作用和影响。形式新颖、难易适中、内容鲜活而结构又比较简洁的资源,必然会获得学习者的认可和追捧。所以在学习资源的选择使用方面,最重要的评价标准还是基于学习者对于这些资源的使用状况,以及他们给出的评价信息。

①获取学习者的评价信息

在网络课程之中,要专门设计对学习资源进行评价的区域。比如可以设置"顶""踩"的评价项目,或者以模块形式对资源评价区进行设计,这样可以让学习者对自己参与的各模块资源展开整体性评价。教师要鼓励他们针对组织和表现的方式、资源的质量和数量等展开质化评价或者量化评估,这样可通过评论和得分情况来对学习资源的优劣进行衡量,获得优良评论和较高分数的必然是受到学习者青睐和符合他们需求的学习资源,反之评论不佳或得分不高的则是与学习者需求不符或者让他们排斥的资源,对此可以适度将其退出和淘汰。通过这些评价信息,可了解学习者在资源选择方面的偏好和倾向,据此来判断资源是不是与学习者当前的需求相匹配,这也是一种优胜劣汰的甄选方式,是实现资源总体发展和进化的有效手段。

②获取学习资源的使用情况信息

可借助一定的技术方法,对学习资源的使用状况进行追踪和记录,据此可获得比较具体的关于学习资源的信息和统计数据。想要实现更好的评价效果,必须设计一定的量化指标,其中比较有参考价值的包括资源的下载、浏览和收藏的次数以及点击率,这些指标得分高的则是受学习者青睐和符合其需求的学习资源。通过对资源使用状况的反馈,可间接判断资源品质的优劣,也可有针对性地对资源优胜劣汰。

(2)基于适者生存的资源能量分配

学习者的能量具有极高的价值,对此应进行合理分配,因此要对网络课程进行一定的设计,设置可定向推送优质资源的资源排行榜,使得品质比较优良的资源能够获得更多的能量投入。另外,还要构建资源回收区,其面向的对象是被淘汰的资源,借助一定的分解整合手段,使其中有价值的信息重新回到课程体系中,以此推动学习资源的能量和物质循环。

①建立资源排行榜,主动推送优质资源

针对优质学习资源可设计一定的专栏,根据评价的优劣、下载和使用次数的多少,对这些资源依据不同的方式进行排列。还要借助于先进的技术,由系统对长期排名不高的资源予以自动剔除,通过排行榜的设置指引学习者进行正确的选择。在排行榜中名次靠前的资源,其价值和实用性更高,自然能获得更多关注和利用的机会,使得资源本身在不断的使用过程中也能获得更好的进化。

②建立资源回收区,分解无用资源

被淘汰的学习资源并非全无用处,部分资源的内部也可能还有一些有价值的信息。因此在进行课程设计的过程中,也要对此类资源进行考虑。要设计一个针对淘汰资源的回收区,使得这些资源能够集中在某个特定的区域,而并非直接将它们去除。在对现有资源进行加工或者开发新资源的时候,可从回收区中探寻和发现有用的资源,如果找到有用的资源便可对其加以分解,提取其中有价值的部分。比如,可对这部分资源的文字信息、组织方式以及图标和图片提取、模仿和引用。

简言之,必须借助一定的平台技术,并结合学习者的有效反馈,才能推动学习资源的进化。其中影响资源优胜劣汰的标准主要是学习者提供的评价与反馈。获得优质评价而使用状况优良的学习资源必然是获得学习者青睐的,其自身的适应能力也比较好,所以能在竞争中脱颖而出。而课程平台所引入的技术,则在另一层面促进了学习资源的再生与优化,不但能够帮助资源获取优良的自组织性,而且也有利于资源的自主进化。对于教师来说,课程平台提供的技术也减少了他们的工作负担,具有一举多得的效果。

4. 建立资源群聚合作促进资源共生发展

资源本身如若缺少发展和进化,就将失去生命力和价值,所以只有展现优良发展势头的学习资源,才更具吸引力,才能得到学习者的认可。这就要求各类学习资源必须强化彼此的合作,借助各类互动方式来实现共同发展。而其中一个有效的举措是构建资源群聚,这指的是根据特定的关系将资源链接和聚集在一起。在自然界中,许多生物由于某些相似或相同的需求会聚集于一处,这样能够帮助它们更好的存活与生长。生物的群聚理论当前在许多领域都已获得了广泛利用,比如在商业活动中经常将同一类的产品集合在一起,这样能够大量吸引消费者,让他们在短期内便能购买到符合心意的产品。

该理论对学习资源同样有效。可借助于资源群聚的效应，使得内容存在相关性或相似之处的各类资源强强联合，借此形成群体优势，不但能够增强个体应对外部变化的能力，而且也能获得更多学习者的青睐。资源群聚的类型不一而足，既可基于学习者的需求构建起一定的群聚，也可依托于资源本身的关联构建起群聚，而无论是何种群聚都有一个共同的目标，即促进资源的协同与合作。

(1)基于资源自身相关性的资源群聚

这是根据功能、内容、呈现方式以及知识点等构建起的学习资源群聚。例如，对知识点和关键词相近或相同的资源加以聚合，将包含从属、主次和上下位关系的资源进行重组。根据相关性构建的资源群聚，能够更好地展现课程在知识方面的组织结构，将帮助学习者对知识进行全方位的了解和掌握，使得他们以较高的效率找到自己需要的资源。

①利用信息标签的超链接功能

对于学习者来说，他们可利用关键词和知识点等对学习资源的内容形成大概了解，因此在课程设计过程中，要基于资源的内在关联性，通过建立一定的超链接，将众多相关的信息资源结合起来。这样当某项资源被搜索和阅读的时候，与其有关的资源也会自动向学习者推荐，通过链接让学习者深入挖掘其想了解的知识。而通过这样的操作，使得被链接资源可以得到反复利用，促进了其向更高层次的进化。

②利用RSS的信息聚合功能

在网络课程之中，可以通过不同的方式对学习资源进行分类。可基于某一维度，将存在一定关联的学习资源链接在一起，并且都设计成RSS订阅内容，通过这样的方式来达到资源群聚的效果。RSS不但能够推动信息和资源的有效更新，而且也是一种有力的信息聚合工具。对学习者而言，如果他们想要对某项学习资源进行了解，便可对RSS订阅器中的全部资源进行浏览，经过一定的比较总结，找到与心意最相符的资源个体。通过这样的方式，能够促进对信息资源的利用，也推动了信息的顺畅流动。

(2)基于学习者个性化需求的资源群聚

这指的是在网络课程设计的过程中，要注重学习者对资源的个性化需求，将部分与其偏好相符的学习资源进行聚合,而这些资源在内容形式上都存在一定的联系,可以不同程度地展现学习者的习惯和风格等基本特点。例如,如果学习者本身对图形内容比较感兴趣,他们便极有可能将利用图片表达的内容进行聚合。此种操作有一个基本的特征,即围绕着学习者这个中心,这种群聚方式重在满足学习者不同的学习需求,使得相关的资源课程能够帮助学习者更好的吸收。

①利用课程博客的个性化定制功能

最优采食理论指的是,在食物资源总况固定的前提下,为了减少自身的能耗并提升采食的效率,生物往往会就近选择食物。在网络课程设计中也可以借鉴该理论,为所有学习者都开通个人的课程博客,也可通过链接的方式,将学习者在其他平台的博客与网络课程相连。学习者可以在个人博客中随意增删学习资源,这样可以减少他们对资源搜集的程序,以相对较少的时间找到与自身需求相匹配的资源。

②利用 TAG 标签的资源分类功能

网络空间的学习资源数量巨大,为了及时发现自己需要的资源,学习者可给其增加一定的 TAG 标签,并借助于其独特的目录结构分类功能,设计出与自身学习爱好、习惯、倾向等相符合的个性化资源。如此便可以学习者个体为中心,逐步达到资源的聚合。通过这样的方式,能够把资源形成各种新的组合,并推动信息以不同的方式流动。

总之,群聚的学习资源具备一些内在的关联,为了获得生存这些资源之间会展开激烈的斗争。就资源个体而言,必须借助生态位分化的方式获取充足的生存空间,这样才能在竞争中得到存活的机会,而这推动了资源朝着更符合学习者需求的多样化和个性化的方向发展,在一定程度上也能缓解资源富集带来的诸多问题。所以,构建一定的资源群聚,不但会推动资源的整体进步,而且也有利于资源个体在不断的合作与竞争中实现自身的进化。

5. 统一网络教育技术标准化、规范化,减少资源消耗,提高资源共享水平

(1)网络教育技术标准化的意义

网络教育具备的一些基本特性,比如涉及的地域比较广泛等,会导致许

第五章　网络教育生态系统的信息资源构建

多的网络学习资源无法实现高水平的共享，各教育系统之间有时候也会沟通受阻。尽管凭借当前的网络技术能推动一定的学习性活动合作，也能保障学习资源在较低的水平上实现共享，但是当前尚未统一界定教学资源在管理水平及课程知识方面的交换标准，而这不利于推动网络教育资源的全面共享及顺畅流通。为了妥当处理上述问题，最重要的是出台网络教育技术标准，通过规范化的处理，推动对网络教育资源的共享，强化系统的交互性。

网络教育信息标准化指的是，通过制定网络教育相关的信息标准，促使网络教育达到整体的统一，能够获得最大的收益并实现有序发展。

推动网络教育信息标准化，具备下列突出的价值和意义：

①为网络教育系统的发展奠定了基础。借助标准可以对组织管理、内容和技术等有关方面进行系统整合，形成一个综合性更强的教育体系，保障远程教育能够平稳有序的运行和发展。

②据此可实现对网络教育质量的有效评估。标准自身具备其规范性和先进性，标准出台之后，网络教育体系应根据标准的要求贯彻落实，这样才能保障网络教育的整体品质得到提高。

③提升资源利用率。借助一定的标准，可以规范远程教育的发展，规避重复性的无价值的开发和建设工作，尽可能减少无意义的劳动和经济方面的损失，进而能够获取更好的经济效益。

④推动网络教育的长效发展。对学习教材进行标准化的开发，将有助于设计品质的提升，也能适当缩短设计的时间。而在管理方面的标准化能够减少重复性的无意义的劳动，促使整个管理活动全面协调，取得更好的管理效果。

⑤推动国际网络教育的交流。网络教育的发展并不受限于某个地区，其面向的对象是全世界，因此必须与国际标准兼容，这样才能维系其自身的进步与发展。中国的网络教育市场空间很大，吸引了国际国内的许多投资者，他们在我国从事和网络教育有关的业务，而这在一定程度上推动了网络教育的快速发展。

(2)我国网络教育技术标准体系[①]

2002年,全国信息技术标准化技术委员会教育技术分技术委员会(简称"标委会")成立,主要负责教育技术有关标准的制定、认证以及推广等工作。

在专家们持续的探索和对国际有关研究进行全方位调查的前提下,并从国内教育信息化的现实需求出发,构造了一个相对完备的网络教育技术标准体系,简称CELTS,当前一共包含教育管理相关、学习者相关、学习资源相关、学习环境相关的标准以及指导性标准。该标准体系中的项目一共有28个,又根据各子标准的作用范畴,分成了专用规范和通用规范两个类型。前者是针对某个特殊领域具备更大的限制和约束作用;后者则在普遍意义上具有更强的适用性,能够让标准用户获得更多的发展空间,授权他们在遵循基本框架的同时,对部分数据项目可以进行修改和选择。详情见表5-1。

表5-1　中国网络教育技术标准体系

	通用规范	专用规范
指导类	系统架构与参考模型(CELTS—1)	
	术语(CELTS—2)	
	基于规则的XM九绑定技术(CELTS—4)	
	标准本地化与例化应用(CELTS—25)	
	标准上层本体(CELTS—28)	
学习资源类	学习对象元数据(CELTS—3)	教育资源建设规则(CELTS—41) 基础教育资源元数据应用规范(CELTS—42)
	课程编列(CELTS—8)	
	内容包装(CELTS—9)	
	测试互操作(CELTS—10)	
	内容分级(CELTS—29)	

---

① 祝智庭.中国教育技术标准化在行动[J].教育信息化文摘,2004(3):23.

第五章 网络教育生态系统的信息资源构建

续表

	通用规范	专用规范
学习者类	学习者模型(CELTS—11)	
	学生身份表示(CELTS—13)	
	学力定义(CELTS—14)	
	终身学习质量保障(CELTS—15)	
学习环境类	平台与媒体标准组谱(CELTS—17)	
	企业接口(CELTS—19)	
	学习管理(CELTS—20)	
	协作学习(CELTS—16)	
	工具/代理通信(CELTS—18)	
	虚拟实验(CELTS—26)	
	自适应学习(CELTS—27)	
教育管理类	网络课程评价(CELTS—22)	
	教育环境评价(CELTS—23)	
	教育服务质量管理(CELTS—24)	
	教育管理信息化数据标准(CELTS—30)	教育管理信息系统互操作规范(CELTS—40)

(3)建立权威性标准测试与认证体系

为了推动 CELTS 标准的利用和推广,标委会主要从以下几个方面展开服务。一是对标准用户进行教育培训,帮助他们对标准进行更好的理解,帮助他们学会怎样使用辅助工具,借此完成对产品的开发;二是提供咨询服务,利用专家咨询或者网络平台等不同的方式解答标准用户的疑惑并向他们提供标准化的应用方案;三是开展标准测试,即构建测试和认证中心,如此便能对各项产品展开必要的技术测试。

标准之所以具备价值,是为了能够进行推广和利用,而这必然需要进行测试。一般可采取两种办法来展开标准测试,其一是自律测试,即开发人员通过各种途径获得一定的工具,由此测试自身开发的产品;其二是权威测试,也就是引入第三方权威机构,由他们对产品加以测试并形成规范化的报告。

这些技术层面的信息都将推动未来的产品标准化认证。

考虑到国内教育信息技术行业当前发展还不健全，也没有形成系统的自律行为规范，所以应构建一个具备较高权威的标准测试与认证体系。对此标委会已着手组建测试平台，并且也授权中国软件测试中心来展开关于相关教育产品的测试工作，对于合格产品再交由标委会加以认证。

开展标准化建设具备深远的意义，此种影响全面涉及文化、经济和政治各个领域。就国家而言，独立开发和制定标准，在一定程度上展现了国家所具备的实力；就网络教育事业而言，标准的出台和执行彰显了其不断的完善和成熟；就用户而言，标准化的实施必然会让他们受益，使之获取更加可靠又便捷的服务。

标准化建设在很大程度上也关系到企业的生存和发展，规模越大的企业越注重标准化工作。企业参与标准开发彰显了其竞争力，而明确产品的应用标准也有利于产品更快地打开市场并获得光明的发展前途。

总之，当前要出台相关的法规政策，改进现有的管理体制，推动信息技术标准化的发展，最大程度促进资源的交流和共享，进而提升网络教育的资源利用率。

6. 实施教育资源可持续发展战略

可持续发展指在符合当代人需求的情况下，又不会对后代人造成严重损害的发展观。最早该项理论的提出及研究的对象是我们生存的环境，之后又拓展到科技、社会等诸多领域。从可持续发展的本质来看，是基于生态学的原则和精神，试图对人类生存有关的各项问题进行解决。

按教育生态学的理念，教育生态系统包含了诸多结构复杂而又彼此联系和制约的因素。想要促进系统能够长效稳定的发展，就需要合理调节不同因素之间的关系，保障教育生态能够达到一个基本和谐平衡的状态。作为社会系统的重要分支，教育系统能否获得平衡发展，将对整个社会系统都产生较大的影响。可持续发展战略在教育领域同样适用，其要求学校等教育机构能够持续输出科研成果，提升管理水平，保障优质的教学水平。首先，教育的发展必须符合客观规律，要与特定的社会和经济环境相匹配，要对教育结构进行科学的设计，使之能够充分体现向社会服务的功能，这样才能推动社会

第五章　网络教育生态系统的信息资源构建

的进步和发展，也为自身创造一个更加有利于发展的环境。其次，作为开放程度较高的系统，教育生态系统的稳定运行需要与外界展开持续的能量和物质交换，需要加大来自外部的能量输入，因此必须增加在教育方面的投入，赋予其更加强劲的发展活力，对各级管理者进行培训，帮助他们建立起科教兴国的思想理念。学校教育的目标在于培育社会所需的人才，因此学生需要具备终身学习的能力，这样才能够在现代社会拥有一定的生存竞争力，保障自己能够不被社会淘汰，从而实现人的可持续发展。

实施教育可持续发展，要对以往的教学观念予以必要的改进，这样不但有利于处理现代教育领域普遍存在的各类问题，而且对于社会和经济的有序发展也能产生一定的推动作用。在整个教育生态系统中，对教育品质具备直接影响和制约作用的是教育资源。信息技术的进步，推动了教育信息资源的开发和建设，但过程中会对人财物等形成巨大的消耗。所以，在资源开发方面要保障其具备长久的使用价值。过程中还要尽可能减少浪费行为。教育信息资源面临的问题有两个，其一是怎样进行高效的管理，其二是怎样促进资源的生态累积。对此学校可安排专业人员进行优质教育资源的开发，鼓舞学科教师分享自己在教学方面的经验并提供有价值的教学课件，鼓舞学生对自己的成果和心得进行分享，通过各种方式帮助学校更好地实现知识的累积。在资源的建设过程中，必须注重高效的管理，这样能够让学生从海量知识中快速获取所需资源。因此要定期清理无用的、落后的信息，使可持续发展的思想在整个资源建设开发工作中贯穿始终。

第六章　网络教育的生态平衡与调控

生态平衡是指各物种彼此间及其与环境之间借助一定的信息传递、能量流动和物质循环，使得自身能够更好地适应所处的生态系统，而系统的结构和功能、系统的生产过程与消费分解过程等处于比较稳定与和谐的状态。对于一个生态系统来说，生态平衡是其稳健运行的前提，系统一旦失衡，会引发严重的连锁性后果，导致对生态系统乃至整个人类生存环境的极大破坏。因此，生态平衡被视为人类改造自然、促进人与自然和谐发展的普遍准则。

网络教育系统作为一个人工系统，系统平衡是其管理与研究的重要目标和任务之一。邵培仁等在研究媒介生态学时指出，要基于平衡和谐的视角来发现和分析问题，将其当作一种重要的尺度和标准，据此对人与自然、社会、媒介彼此的关系和存在的问题进行更好的认识与理解，而我们研究的终极目标在于促进媒介与环境两者之间达到和谐平衡的状态[1]。这些观点在一定程度上指点了对网络教育生态系统的相关研究，也对网络教育建设具备一定的启迪作用。自然生态系统的生态平衡是经过由简单到复杂的长期演化，系统在走向成熟的过程中逐步形成的相对稳定状态，是自然力量演变的结果；而人工生态系统的平衡发展是主体活动和努力的结果。正如继鹏教授所言："人类的积极干预是使信息生态系统在失衡—平衡之间变化的主导动力。"[2]网络教育生态系统的生成和演化目前尚处于初步发展期，系统中不协调、不适应、不

---

[1] 邵培仁等. 媒介生态学—媒介作为绿色生态的研究[M]. 北京：中国传媒大学出版社，2008：13.

[2] 靖继鹏. 信息生态理论研究发展前瞻[J]. 图书情报工作，2009：5-7.

平衡的现象时有所见,如何加强人工干预,增强网络教育生态系统的调控能力和保障机制,是网络教育生态系统走向成熟和平衡的内在动力,也是网络教育生态系统研究的重要内容。

第一节 生态平衡理论及其应用

一、生态平衡理论的提出与发展

1. **生态平衡概念的提出**。1935年,坦斯勒率先应用"生态系统"这一名词,并对其概念进行了解读。他认为,生态系统是一个包含了特定环境及存在其中的生物及非生物群落的整体性的自然系统,其中的各种要素彼此之间都是相互影响、作用和制约的,并且生态系统本身的成熟度越高,意味着上述因素之间的相处更加和谐,而系统本身也能达到相对平衡的状态。坦斯勒指出,生态系统的根本特征在于,有机体与环境之间密不可分,共同构成了包罗万象的自然生态系统。不过"生态平衡"一词则是由美国学者威廉·褐格特在1949年出版的《生存之路》一书中提出的,福格特通过描述的方式,直观地说明了人口增长与土地资源破坏带来的危机,认为人类过度开发和索取的行为损害了自然环境,甚至对历经数千年才形成的生态平衡也造成了破坏。上述两个概念一提出便获得学术界的广泛认可,不但统一了生态学研究的语言,而且也清晰界定了生态学研究的目标、对象和内涵,推动了生态学的整体发展和进步。

2. **生态平衡内涵的扩展**。生态平衡的原初内涵是指:"自然环境没有遭受人类严重干扰的天然状态"。20世纪50年代以后,人们逐渐从各种不同的角度来理解和阐释生态平衡的内涵,出现了多种不同的解释。如:(1)生态平衡是在特定的生态系统中,各因素通过彼此影响、制约和作用而形成的相对稳定的平衡状态;(2)生态平衡是生态系统各组成部分通过相互制约、转化、补偿、反馈等作用而处于结构与能量相对协调的稳定状态;(3)生态平衡是生态系统达到成熟期的相对稳定状态,能够对等地进行物质和能量的输入和输出,也就是系统的生产及消费和分解过程处于平衡状态;(4)在一个特定的生态系统中,生产者、消费者和分解者之间的关系处于相对稳定的状态;(5)生态平衡是生态系统的结构和功能均处于适应与协调的动态平衡状态;(6)生态平衡是指在生产系统中的各生物种群及其与环境之间,借助一定的信息、物质以及能量的流动,能够更好地适应环境且促使彼此达到协调发展的状态。这些不同的解释反映了随着生态学研究的深化,人们对生态平衡理解的深入,也反映出生态学在与一些相关学科的密切结合中,人们从不同学科的视野来看待生态平衡这一生态学的基本问题。

我国生物学家曲仲湘认为,生态平衡是指"在一个生态系统中,生物种组成、种群数量、食物链营养级结构彼此协调,正常组合,能量和物质输入率和输出率基本相等,物质贮存量相对恒定;信息传递畅通;环境质量由于生物群落影响而保持良好,从而使环境部分与生物群落部分达到高度互适应、协调和统一的状态"。[①] 这一解释较具综合性,体现出对生态平衡内涵多维性的认识。

3. 生态平衡研究的发展。生态系统是人类生存、发展的基础。20世纪中期以后,科技获得进一步发展,人口总量大幅增长,人们在发展工业过程中出现了一些不正确的思想,对生态环境和资源的开发与过度利用,特别是"三废"的出现,使得水体、土壤以及植被都遭受了严重的破坏,引发了各种类型的生态危机和环境问题。生态系统受到人类活动的影响与表现出的生态安全危机日益严重,如水土流失、森林消减、土地荒漠化、水体和空气污染加重、生物多样性锐减、淡水资源短缺等。这些生态与环境方面的问题日趋严重,并且威胁了人类社会的可持续发展,怎样改善生态环境,帮助受损的生态系统逐步恢复并完成重建,对于优化生态环境、提升区域生产力水平、最终获得可持续发展具备重大影响,也成为国内外生态学研究高度关注的课题。

在20世纪80年代,《经济研究》杂志编辑部和《农业经济问题》杂志编辑部合作编辑了一本专门探讨生态平衡问题的文集——《论生态平衡》,内容涉及森林在生态平衡中的核心地位、耕作制度与农田生态平衡、农业现代化与

---

① 曲仲湘,王焕校,吴玉树. 生态平衡概述[J]. 生态学杂志,1982(4):39-42.

第六章 网络教育的生态平衡与调控

环境保护、黄土高原的土地利用、云南资源利用与生态平衡的保护、南方山地生态平衡的破坏与黄海渤海区域渔业资源衰退的分析等生态问题，从林业、农业、牧业、渔业以及水、土、环境等方面出发，分析生态平衡的重要性，旨在表明生态平衡在国民经济和社会发展中的重要意义。

从目前国际上对生态平衡问题的研究看，主要形成两种观点，即平衡说与失衡说。平衡说认为共同生活在同一群落中的物种处于一种稳定状态。因为它们通过竞争、捕食和互利共生等种间相互作用而形成互相牵制的整体，在非干扰状态下群落的物种组成和数量都没有显著变化；群落的变化从根本上来看是因为其所处的环境发生了变化，即受到外部环境的干扰才导致群落会出现变化。简言之，根据平衡说的有关理论，生物群落是在持续变动的客观环境中的相对稳定的实体。该学说最早可追溯到英国生态学家 C·Elton，他认为群落中种群的数量是不断变化的，其原因是由于环境的变动，或由于一个种群如被食者的种群变动导致捕食者种群变动。如果环境停止变动，群落将呈现稳定状态。美国理论生态学家 R·H. MacArthur 则主张动态平衡，他在研究岛屿生物地理学中提出，群落的生物数是一个常数，这是迁入和灭绝之间的平衡所取得的。因此，构成群落的物种是在不断变化的，而种数则保持稳定。非平衡说认为，群落是由无数的物种组成的，而这些物种一直在持续变化，因此群落并不具备完全稳定的特性，它们只具备一定的恢复性和抵抗性，即在因外界受到干扰以后，能够恢复至原本的状态或对外界干扰具备抵抗的能力。非平衡说的主要依据是中度干扰理论，其中，美国生态学家 M·Huston 运用干扰对竞争结果影响的研究来说明非平衡说；美国学者 Lotka 和意大利学者 Volterra 发明竞争排斥律用以证明非平衡说。生态学界认为物种间的干扰性研究必须在稳定而均匀的环境中，并且有足够的时间，才能证实一种物种挤掉另一物种，或通过生态位分化而共存；但在现实中，环境是不断变化的，种间竞争的强度和条件都在变化之中，这会导致自然群落中竞争排斥证据有限。[1] 这些观点有利于我们辩证地认识生态平衡问题，思考和探讨网络教育生态系统的生态平衡。

---

[1] 李博. 生态学[M]. 北京：高等教育出版社，2000：147-148.

二、生态平衡理论的主要观点

综合生态学及各分支生态学的观点,生态平衡理论的主要观点可概括为 4 个方面。

1. 生态平衡是生态系统长期演化的结果。按照现代生态学理论,一般认为自然生态系统经过由简单到复杂的长期演化,最终达到了比较稳定而成熟的状态,此时物种的数量和种类都能维持一定的稳定水平,能量的传入输出也比较接近,即整个系统中不管是物质循环还是能量流动,在较长期间内都能维持一个比较平衡的状态。这种情况下,各有机体可充分填充系统的有效空间,促使环境资源得到最高效的应用。以比较成熟的热带雨林群落为例,尽管该系统的结构极为复杂,但是却具备清晰的垂直分层现象,各物种在其中都占据了有利于自身发展的条件,又能够相互适应的协调共存,使得系统也具备较高的生产力。英国生态学家坦斯勒指出,生物群落与环境、生物和非生物共同构成了一个完整的生态系统,这些因素在共存的过程中相互影响和作用,而随着系统成熟度的提升,这些因素彼此会以一个相对平衡的状态存活。马世骏也主张,经过长时间的发展和演变,生态系统的各成分和各要素彼此形成了一定的补偿与协调关系,以保障整个系统能够维持特定限度的稳定状态。而如若系统的各部分其功能和结构都能达到一种动态的平衡,各要素彼此之间能够协调和适应,就能达到所谓的生态平衡。这些学者都认为,生态平衡是生态系统长期演化和成熟的状态。

因此,生态平衡是生态系统发育到一定阶段后出现的稳定状态,系统各组成要素之间的关系及其相互作用趋于协调,从而保证正常的生态功能,这是生态系统自组织的结果。在平衡状态下,系统的形态结构(如种群关系、空间布局等)、营养结构(如营养物质流的次序、质量比例关系等)都随时间推移发生显著的改变。自然生态系统是在长期历史发展中形成的,生态系统的生命系统和环境系统中的各种因素基本上是协调的,增加一个新的成分,或者减少某个成分,会使物质和能量的输出与输入发生改变,超过一定的限度,就可能使生态系统的平衡遭到破坏。

2. 生态平衡是一种动态平衡而不是静态平衡。比利时科学家伊利亚·普

第六章　网络教育的生态平衡与调控

里高津所创立的"耗散结构理论"主张，一个开放的而又打破了平衡状态的系统，可借助于外部环境对信息、能量和物质的持续交换，当外部条件符合某个阈值时，该系统可改变原本混乱无序的状态，发展成在功能空间或时间上的有序状态，进而形成了一定的耗散结构。该理论向我们展示了自然界从无序向有序，从低级到高级的发展演变的必经历程，也反映出生态平衡的动态机制。

生态系统不是一成不变的，而是在矛盾运动中不断演变。原因在于，万事万物皆以变化为根本属性，生态系统自然也处于有序的变化之中。比如，系统中的各组成要素彼此在持续地展开物质和能量的流动与循环；系统自身在不停的进化与演变，具体表现为：生物种类数量的增减，食物链的升级以及群落类型的演化等；环境也始终不停地发展变化。所以，生态平衡并非静止不动的，而是相对的、动态的。生态平衡的动态性一方面表现为一定时期进入系统和流出系统的各种物质的数量大致相等；另一方面也表现为经过系统流动的物质元素保持协调的比例，以及物质循环在生态系统各个环节上大致均衡。[①] 生态系统长期稳定的动态平衡，是一定物种存在的基础。恩格斯曾说："物体相对静止的可能性，暂时的平衡状态的可能性，是物质分化的本质条件，因而也是生命的本质条件。"[②]

3. 生态系统具备内部调节能力。生态系统之所以能够长期维持动态的平衡状态，是因为其具备一定的自动调节功能。系统为了维持更好的生存和发展状态，要尽力将自己调节到相对稳定的状态，使其功能得以发挥，借助一定的自我调节，尽可能减少来自外界的干扰，维护系统本身的稳定性。此种调节能力，具体包含抗性和恢复性两个方面。抗性(也有的称"忍耐性")是指生态系统能够忍受一定的外来压力，具有忍耐、维持、延续生存状态的能力，或简单地说具有维持逆境中的行为，保持自身的稳定的能力；而恢复性(也称"弹性")是生态系统受到干扰后，维持必要的功能、多样性和结构，使之恢复并保持生产的能力，即生态系统响应外来胁迫而发生变化。抗性和恢复性是

---

① 刘国城. 生态平衡浅说[M]. 北京：中国林业出版社，1982：11-15.
② 马克思恩格斯文集(第5卷)[M]. 北京：人民出版社，2009：533.

生态系统反馈调节的表现，英国学者马尔特比用抵抗力稳定性和恢复力稳定性来表达生态系统的这种特征，认为抵抗力稳定性是指生态系统抵抗外界干扰并使自身的结构和功能保持原状的能力；恢复力稳定性是指生态系统在遭到外界干扰因素的破坏以后回复到原状的能力。抵抗力和恢复力之间存在着相反的关系，具有高抵抗力稳定性的生态系统，其恢复力的稳定性是低的，反之亦然。但一个抵抗力和恢复力都很低的生态系统，它的稳定性当然是很低的。[①]

不过，尽管生态系统具备一定的自我调节功能，但这种能力也并非无限的。如若外部环境给予的压力和干扰在系统可忍受的范畴内，当此种外力被去除以后，系统还能经由自我调节恢复原本的状态；但若外部的压力或干扰过大，超出了系统可承受的范畴，便会损害其自我调节能力，导致系统的衰退乃至崩溃。一般来说，学者们倾向于用阈值阈限来描述生态系统承压的极限。在现实生活中，正是由于人类过分的开发与活动，而使得某些生态圈的功能和结构都超越了其能够恢复和抵抗的阈值，进而使得整个系统失去了平衡的状态，从而形成威胁到人类生存的灾变。为此，人类活动在讲究经济效益和社会效益的同时，还必须注重生态效益和生态后果，这已成为全球共识。

4. 生态失衡推动生态系统的演化。任何生态系统的平衡都不是短期内能够形成的，而是要经过漫长的时间逐步构建起的相对平衡状态，一旦此种平衡被破坏就可能无法重建，甚至造成无法弥补的惨重后果。恩格斯曾说过，实际上某些地区的居民为了获得更多的耕地，采用了破坏森林的手段，但他们怎么也预料不到这些地方竟然会发展成荒漠，正是由于人类的错误的行为才导致这些区域失去了森林和水分。意大利人在砍伐阿尔卑斯山的枞树林时，也并未想到他们的做法会摧毁该地区高山畜牧业的发展根基，更未想到他们的做法会使得山泉迅速枯竭，而又让平原遭受严重的洪涝灾害。[②] 在我国类似的教训也很多，如20世纪50年代，我国将麻雀作为"四害"来消灭，结果出现了严重的虫灾，使农业生产受到巨大的损失；再如过度放牧和滥垦，导致

---

① [英]E. 马尔特比. 生态系统管理：科学与社会问题[M]. 康乐，韩兴国等，译. 北京：科学出版社，2003：91-96.
② 马克思恩格斯文集(第5卷)[M]. 北京：人民出版社，2009：560.

大面积土地沙化等等，后果惨痛。所以我们要关注和保护生态平衡，切不可随意对它造成破坏。

但生态失衡也并非全然是消极的，也包含着某种积极的因素。"我们平时所说的保持生态平衡，并非保持那种凝固僵化的平衡，也不是主张不允许打破旧的平衡。保持生态平衡是在承认生态系统的动态平衡的前提下，打破旧平衡，同时建立新的平衡关系，使生态系统处于一种相对稳定状态，这样，才能保持生态系统最佳自然生产力，进而有效地实现经济再生产。那种把生态平衡当作是一成不变的机械平衡论的看法是错误的。"[1]生态系统失衡的原因有很多，其中包含着系统中某些生态因子在升级之后引发的失衡问题，即要求别的生态因子也要追随自己的发展趋势，以便与系统主要的生态因子之间达成协调的状态，这样才能构建新的平衡。此种从平衡至不平衡乃至构建新平衡的循环往复的过程，促进了生态系统各要素及其整体的发展与演变。对于人工生态系统，我们更应该发挥主观能动性，打破旧平衡，建立新平衡，使生态系统的结构更合理、功能更完善、效益更高。

第二节 网络教育生态系统的平衡与失衡

网络教育生态系统是一种典型的人工生态系统，其中包含了生态因子的失衡和平衡问题，对这些问题进行分析，一方面能够增强对网络教育系统的深入了解，探究其运行的机制，另一方面也能对系统的整体状态形成有效的把握，能够对其进行合理的控制和调节，以保障系统能够稳定有序的运行和发展。

一、网络教育生态系统平衡的表现

1. 网络教育生态系统内部构成要素间的平衡

在生物界，生态系统能够获得良性的发展，需要各内外因子彼此之间形

---

[1] 夏伟生，时正新. 生态平衡与经济发展[M]. 兰州：甘肃人民出版社，1983：148.

成动态的平衡状态。与之相比，在网络教育生态系统中也包含了两个主要因子，其一是学习主体，其二是生态环境。两者在特定时间内能够实现相互的影响和制约，以达到统一协调和彼此适应的状态，而这便维系了系统的平衡。

(1)教育共同体内部的生态平衡

共同体成员应努力构建良好的人际关系，在彼此的竞争与合作中促进个人才智的发挥，凝聚集体的智慧，这样对于学习者的全面发展具有重大意义。因此，网络教育不单纯要对学习者的学习活动进行引导和鼓励，还要借助一定的规范来遏制不利于人际和谐的恶性竞争。多伊奇构建了目标结构理论，认为可基于三种不同的方式来对个体进行一定的目标奖励，分别是相互独立、相互对抗及相互促进的方式，借助于上述各种类型的交互方式，能够对特定的学习者的学习过程造成有差异的影响。因此，系统的设计要注意安排一定的目标设定以及奖励机制，助学者也要对学习者进行引导和鼓舞，帮助他们之间展开良好的协作，通过互动起到彼此同步前进的作用，进而在学习共同体内部形成以相互促进为主体地位的学习方式，还要对一些独立的学习者给予关怀，尽量避免共同体中出现相互对抗的问题。

基于生态学的视角，对网络教育共同体进行分析，可发现各成员都具备自己的生态位，各自承担着生产者、消费者以及分解者的角色，而位于相同生态位的成员势必会发生竞争。相对来说，如若成员间的竞争是良性的，则有利于他们共同的进步，也有利于协同效应的发挥。比如，为了取得更高的名次，学习者彼此激励，奋发图强，最终实现共同的进步。但若缺少合理的制度对学习者行为加以约束和规范，而单纯凭借学习者自身的道德规范则难以有效遏制因为恶性竞争所导致的各种问题，比如因为排他性而使得成员彼此间关系冷漠，信息无法顺畅交流，彼此减少互动，甚至发生人身攻击的情况，最终导致学习共同体成为一盘散沙，不再具备凝聚力，而成员也难以取得良好的学习效果。

所以就网络教育共同体而言，其生态平衡主要表现为两方面。首先，各成员都各具生态位，也肩负着一定的职责，伴随着学习活动的展开而出现动态的变化。其中助学者、学习者和管理者分别是信息的主要生产者、消费者以及分解者，不过在学习活动开展的过程中，部分学习者通过分享优质资源

第六章　网络教育的生态平衡与调控

也可担当起信息生产者的角色，或者向管理者披露其发现的信息错误，从而在一定程度上担当起信息分解者的职责。其次，共同体内部需要构建良性互动、交流畅通、互帮互助、人际和谐的动态平衡。

(2)网络教育共同体与网络教育环境间的平衡

在自然界中，生态环境的品质对生物的生存和发展有直接的影响。与之相似的是，网络教育环境的品质优劣，也会对学习者的综合素质以及学习成绩等产生直接的影响。基于生态学视角而言，只有保障生态环境与身处其中的生物体达到一定的平衡，才能有利于生物体更好的生存和获得可持续的发展。因此，在网络教育环境与学习共同体之间，也有一种无形的平衡存在。

第一，对网络教育环境进行开发和设计，必须与学习共同体的需求相符并保持一定的平衡状态。此种平衡具体表现为对资源的开发必须要满足学习者的现实需求，并根据学习者所处的知识水平、年龄段等不同的生态位，开发更具针对性的学习资源，这样才有利于学习者更好的全面发展，如若只是片面求新求异地进行网络教育环境的设计和开发，而不重视对学习者的需求进行剖析，这样开发的学习资源可能不具有较高的使用价值，不会获得学习者的认可，必然会引发资源浪费问题，而且一旦资源不具备实用性，学习者也可能对网络教育心生排斥。

在对网络教育环境进行开发和打造以前，设计者们还需注意一个问题，即参与网络教育的人员，他们往往没有连续的大块的学习时间。网络教育突破了时间和空间的约束和限制，学习者只需具备一定的网络设备，就可根据自己的需求进行学习。因此网络教育在学习的时长和时间段上也并不固定，这是其基本的特性，开发人员要对此特性予以必要的关注，要设计一定的信息和数据收集系统，能够对学习者的学习记录进行随时的跟踪并加以保存，以便其后来对以往学习情况进行了解和查看。利用这样的设计，可提高网络教育者的学习效率，规避时间零散带来的弊端，保障他们能够有序地展开学习活动。

第二，网络教育环境与学习共同体之间保持信息传输的平衡。在共同体中成员的身份是可以变换的，他们既可以作为消费者存在，也可以作为生产者存在，将各种有用的信息向网络教育环境输入，并且得到一定的信息反馈。

一个优质的网络教育系统，其信息的传输必然维持着动态的平衡，即输入和输出的信息基本保持对等的状态。如若生产者输入的信息过多，远远超过了消费者的需求，便会使得平衡的状态受到损坏，出现信息冗余的问题，不但会干扰正常的学习活动，还会降低学习的效率。但是如果输入的信息数量不够，达不到消费者的需求，也会损害平衡的状态，不利于学习效果的提高。在整个网络教育系统之中，网络对环境与学习共同体要展开必要的信息交流，详情见图6-1。

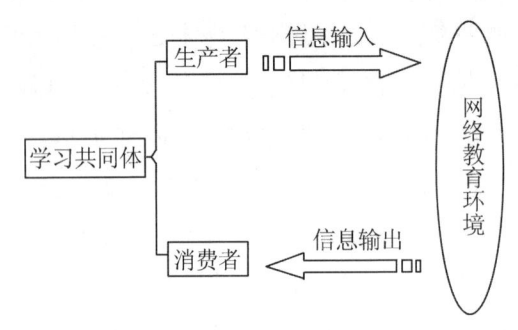

图6-1 网络教育环境与学习共同体间的信息输入与输出

首先，在系统中助学者是最重要的信息生产者，他们的任务和责任主要是开发新课程资源或者加工来自外部的信息，将其变成有效的学习资源。此外，学习者在开展学习活动的过程中，也可能向学习环境进行一定的信息输入，比如通过讨论、作业提交以及资源上传等不同的方式和活动使得网络教育环境的信息数量有所增加。

其次，学习者是最重要的信息消费者，他们从自己的需求出发，在整个网络环境中搜索所需的资源并展开相关的学习活动。学习者只对网络这个环境中的一小部分资源进行了利用，他们只是基于自己的能力和需求，对其所处生态位的信息资源进行消费，而为了帮助他们更精准更快速地搜索到学习资源，需要进行资源导航的开发和建设。对所有进入系统的资源都要进行分类并予以编号，通过标签来引导学习者搜索资源，如此不但提升了信息输出的效率，也有利于资源解锁效率的提高。此外，在学习者开展学习活动的过程中，他们的学习风格、习惯、进度和反馈等都可借助网络教育环境加以跟踪和记录。通过对上述信息进行整理分析，可判断向学习者推送哪些资源，进而促使网络教育的效率大大提升。

最后，管理者承担的是信息分解者的工作。他们要将各种不良的、冗余的、错误的垃圾信息从网络环境中剔除，以保证整个环境资源的洁净有序，减少各种不良信息对学习者造成无端的扰乱。具体的工作开展中，管理者要对存在一定争议性的资源，或者很少有学习者应用的资源或者带有一定误导性的资源加以严格审查，并将其中冗余的、错误的、不良的信息予以去除。但信息分析的工作也并非只有管理者可从事，学习者和助学者如果发现了不利于网络环境清洁的信息，也可将该情况报告给管理者，各方共同努力一起打造洁净的网络教育环境。如若不重视分解者职责的设计，有可能造成系统中许多滞后性信息的冗余，不利于维护洁净的网络教育环境，甚至还会阻碍教育系统功能的充分体现。

在网络教育系统中，信息的生产者、分解者和消费者相互影响并展开协作，以保障网络教育环境基本能够实现信息在传输方面的平衡。详情见图6-2。

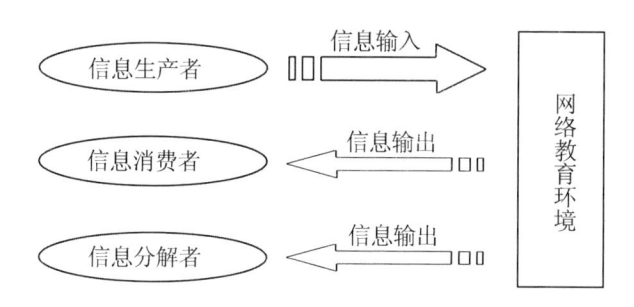

图 6-2 网络教育环境与学习共同体间信息输入与输出的平衡

（3）网络教育环境中各种学习资源间的平衡

网络教育环境中的各种资源，基于各自的特性体现出不一样的价值和作用。其中案例类和课件类资源，能够彰显教学设计的基本思路，对于助学者来说是他们指导教学活动的重要支持性资源；文献资料和多媒体素材类资源，是为了辅助学习者对于资源的需求设计的，主要是为了满足学习者吸收知识、自我答疑的需要；信息化学习工具类资源，是将课程与信息技术加以有效整合，由此形成的用于交流协作及展开学科探究的重要工具[①]。

上述几类学习资源并非没有关联，反之它们之间的联系比较密切，通过有效的组合能够发挥更大的效果。网络教育并非单纯的知识传授以及知识累积，而是将传递和接受融为一体的"引导发现式"的学习，所以学习资源之间必须要维持一定的平衡状态。文献、试题、课件等的数量要适度，这些资源都要有一定的针对性和引导性，帮助学生明确学习的方向，避免无目标的学习。还要对资源的位置和出现比例进行设计，有条不紊地向学习者进行展现。例如，在对某项知识进行讲解的过程中，可以先通过幻灯片或动画的方式对学生进行知识点的初步宣讲，接着借助一些小短文小视频来对实例进行展现，引导学生在具体的情境中思索，然后教师要引领学生对问题加以考虑，并将知识点相关的重难点进行全面细致的论述，最后利用一定的习题来巩固所学知识。如果客观条件允许，还可自制某些小游戏或小工具，引导学生通过亲身的实践和探究来强化对知识点的认识、理解与记忆。

所以，科学界定不同种类资源之间的平衡性，也在较大程度上影响到网络教育环境的建设。如果讲述的知识太多，很容易让学生感受到枯燥无味，很难融入学习的情境，无法让他们对知识进行深入理解，也难形成优良的学习效果，但如果太过看重实践材料的展现，而不重视指引，也无法取得理想的学习成效。要达到其中的平衡，必要重点针对"主导—主体"教学的方式进行科学设计，并注重对资源进行科学的分配。

2. 网络教育生态系统与外部大环境间的平衡

我们的社会是一个巨大的生态系统，网络教育生态系统只是其中的一个构成部分，在社会的整体大环境之中，才孕育了网络教育环境。而两个环境之间达到合理的平衡状态，是保障网络教育系统与外部大系统达到平衡的必要前提。

（1）网络教育系统要自发从外部环境吸收信息并完成转化，促进系统内部知识的良性循环，进而与外界之间实现物质和能量的动态平衡。与传统的学校教育相比，开放性是网络教育系统所具备的突出优势，为了保障教育系统

---

① 何克抗. 我国数字化资源建设的现状及其对策[J]. 电化教育，2009(10)：5-9.

能够获得长效的发展，必须要注重信息流的健康。系统要对所有进入的信息展开筛选、鉴别和再加工，使之转变成有利于学习者开展相关学习活动的优质资源。而且在网络教育发展的过程中，会逐步凝聚出集体智慧，对社会进行必要的回馈，具体的循环过程见图6-3。

图6-3 网络教育系统与社会环境间信息和知识的交换

（2）学习主体不但要从系统中获得信息，并将其转化为技能和知识，而且还要从社会大系统中吸取各种有效的人力资源，注重和外界之间的信息往来，避免出现信息受阻的问题。只有能量始终保持高速的流动，才能有效预防系统信息老化，减少各种信息污染问题，进而使得系统内外达到一个动态的平衡。

（3）社会的投入与系统的回报达成一定的平衡。一方面，社会各界所做出的物质和人力方面的投入，有利于网络教育系统的生存和发展，另一方面系统向外界输出的知识、培育的优质人力资源，也能促进社会的进步和发展。所以，资源的开发者要通过调查等方式了解社会需求，根据学习对象的不同设计个性化的学习资源。例如，如果学习者属于要参加中、高考的学生，他们在考试方面的需求极大，系统应针对性地为他们匹配相应的资源，这也顺应了社会的潮流和需要。

（4）网络文化、道德以及安全事业的健康发展，在一定程度上有利于推动网络教育系统的平衡。网络空间没有边界，网络教育系统只是其中的一个组成部分，网络世界的环境质量在很大程度上影响了网络教育系统的健康状况。如果在网络空间中出现的各种欺诈和犯罪情况，就可能对学习者造成一定的扰乱，或者威胁到其财产和身心安全。互联网空间出现的各种道德问题，也会对教育系统中学习者的行为和思想道德都造成影响，使得开展网络道德教育的难度加大，甚至导致人员之间的关系不和谐。同时网络教育的发展也与网络文化建设息息相关，若网络文化过于泛娱乐化，或者出现反动的倾向，这将阻碍网络教育获得健康平稳的发展。

二、网络教育系统生态失衡的表现

网络教育系统也会发生生态失衡的问题。如果系统要素与外界环境的平衡受到扰乱，就可能出现生态失衡的问题，进而阻碍系统的良性运行。有很多因素共同导致了此种生态失衡现象，而对该问题进行研究是为了探求有效的预防和弥补措施。网络教育系统的生态失衡，指网络教育共同体在与教育环境相互影响和作用的过程中，在能量、信息以及物质的输出和输入方面出现失调现象，将导致各参与主体及其所属的子环境在功能和结构上都出现失调问题。

伴随着社会的进步，生态主体的需求会随之有所变化，而计算机和网络技术的出现，更是对外部大环境造成了显著的影响，推动了各种变化的发生。各因素所具备的动态性意味着，系统的失衡是难以有效规避的。而且系统的失衡也表明其需要进化和演变，发展为新的平衡状态并与新的环境需求相吻合，进而促成系统的优化和改进。分析可知，从网络教育系统的发展来看，生态失衡也是一个重要的推手和动力，整个系统便是在平衡与不平衡的轮番交替中得到进化的。

1. 网络教育生态系统内部结构和功能的失衡

网络教育生态系统之所以会发生失衡问题，是由于其内部的资源生态环境以及各主体彼此在功能和结构上发生了不适应的情况。主要原因有两个，一是各生产主体未能充分履行职责，二是系统的环境空间和资源配置不够科学。具体表现为：

(1)信息膨胀和信息污染现象

网络蕴藏着无限的信息资源，作为网络教育来说这是一个优势所在，如若网络教育系统中没有经过筛选而吸收了太多的信息，就可能造成信息膨胀问题，如果吸收了一些不良的信息，还会发生信息污染，使得学习者受到一些不良的影响。原因在于，网络信息有真有假，还存在很多的不良和错误信息，一旦这些信息进入了网络教育环境，不但会扰乱正常的学习活动，而且也会危及学习者的身心健康。此外，信息数量过多，将增加学习者寻找有效信息的难度，这样会使他们感到疲惫也不利于提高其学习效率，最终使得他们对网络学习产生厌恶。

在系统内部之所以会发生信息污染和膨胀问题，究其根源是因为系统没有构建起科学的信息筛选机制。具体来说，就是输入的信息太多，但对信息进行处理的分解者数量太少。网络教育在当前发展十分迅猛，但在早期系统能够吸收的学习资源数量不多，当时设计的制度能够维持系统的生态平衡。但是伴随着网络教育的快速发展，出现了许多的资源开发者，而他们上传的资源在品质上也高低不齐。还有一些不法之徒利用学习者年龄不大，不善于辨别信息的弱点，故意输送大量不良的信息，这就导致原来机制的弊端暴露出来，对垃圾信息分解的设计与当前状况不能充分适应，才引发了内部失衡问题。

（2）学习共同体内部缺乏情感交流

学习过程是由认知和情感两个领域共同构成的，这二者不但彼此关联，而且共同影响了学习者的成长与发展。但是在网络教育过程中，因为时空的分离使得学习过程中，学习者很难获得教师的面对面指导，他们往往只是在知识和技能方面有所增长，但是在品德和情感方面却无法获得有效的教育。此外，学习者彼此之间也很少展开情感交流，尽管他们可能针对某个学习活动进行一定的沟通和交互，但缺少面对面的对话和交流，难以打造真正的同窗情谊，不利于他们人际交往能力的培育，这导致在网络教育过程中很多学习者会形成一定的孤独感。而伴随着网络教育的应用增多，此种情感和认知方面的失衡也会阻碍其发展。以前的开发和建设工作中，关注更多的是学习者的认知发展，但是情感教育却没有得到重视，此种片面的建设思路较为落后，与现代网络教育的要求也不符合。

（3）信息资源配置失衡

具体表现为三个方面，其一是信息资源的适用性与丰富性之间出现失衡，其二是信息资源的更新与老化之间出现失衡，三是信息资源的质量和数量出现失衡。

在资源开发和建设过程中。人们通常会过度追求资源数量的增加，但是却不够关注资源的品质，这就引发了信息资源在质量和数量两个方面之间出现失衡的问题。比如。直接把课本内容转化为电子书，却并未加以必要的设计和优化，此种简单粗暴的资源建设做法，不利于网络教育优势的体现，也不符合学习者的现实需求，利用这样的信息难以取得优良的学习效果，反而浪费了大量的物质和人力投入。

在网络时代，各种信息和知识以超高的速率在时刻更新，因此开展网络教育资源建设必须要追随知识更新的脚步，保障资源内容及时更新。然而在很多网络教育环境中，并未对建成的信息资源进行及时的更新，各种资源老化问题层出不穷，不但容易误导学习者，而且也导致平台的口碑受到影响。

还有部分教育类网站，尽管很注重信息资源数量的搜集，使得各种信息能够通过多样化的形式予以展现，但是很多资源却并不实用，各种不当的、落后的信息夹杂其中，一方面是网络资源的无价值消耗，另一方面也会阻碍正常的学习活动。

2. 网络教育学习生态系统与外部大环境间的失衡

伴随着各种因素的变化，网络教育生态系统与其外部大环境之间的平衡也有可能被破坏，进而出现失衡的问题，过程中也会发生从平衡到失衡再到平衡的动态转化。在这种情况下，发生失衡的原因主要是外部的环境出现了重大变化，而系统不能对这一变化及时作出反应，因为不适应而出现失衡问题。

(1) 网络安全对网络教育系统的威胁

自互联网诞生以来，网络安全问题便始终如影随形，黑客攻击、木马病毒，在一定程度上都会威胁到网络的安全。最近一些年，网络安全问题又出现了新的发展势头。由个人主导的黑客攻击数量大大减少，但利用木马病毒展开的犯罪活动却越来越多，犯罪分子借此盗取用户的财产和信息，而这必然会危及网络空间的安全，不利于网络教育环境的安宁，使得学习者增添了信息安全方面的困扰。而且网络教育的受众多数是未成年人，如果他们受到网络犯罪活动的欺骗或攻击，使其身心以及个人财产受损，不但会打击他们参与网络教育的热情，也不利于他们的健康成长。所以，网络教育系统的建设必须注重与外界的适当隔离，尤其要针对未成年人的网络教育进行更加严密的保护。

第六章　网络教育的生态平衡与调控

(2)网络娱乐功能的过度开发对网络教育的干扰

基于当前的网络环境而言,娱乐产业的发展十分繁荣。在网络空间中同时运行了几百种游戏,而热门游戏更受到众多人的追捧,在网络上也到处能见到各种类型的游戏广告。社交网站也设置了游戏模块,以此作为噱头。还有各种动漫、电视剧和电影的播放网站、引领了新时期的观影消费活动。此外还有许多的娱乐网站,专门为受众提供所需要的各类休闲和娱乐资源。这些娱乐性质的工具被过度开发,使得网络的娱乐化功能过分突出,导致人们上网就是为了寻找快乐,却忽视了网络所具备的其他功能。此外,许多平台为了增加收益,借助媒体和广告来对其娱乐产品进行大肆宣传。上述种种作为和现象都导致网络在娱乐方面的功能被过度开发和利用,严重地损坏了网络的文化平衡状态,网络教育系统也深受其害。比如,在参与网络教育的过程中,各种关于购物、游戏的网页广告层出不穷,只要简单操作便能投入其中,这对于未成年人来说诱惑极大,即便成年人也可能受到信息的诱导,而对原来的学习活动造成了扰乱。这种来自外界的无时无刻不存在的诱惑和干扰,极大地增加了未成年学习者的学习困难,若缺少有效机制来对干扰予以隔离,则网络教育的目标便很难达成,学习者也无法获取良好的成果,继而对网络教育的有效性产生怀疑。

(3)数字鸿沟现象对网络教育的阻碍

数字鸿沟指的是,因为对网络信息技术开发利用程度的差异以及创新能力的不同所导致的,各国、各地区、各行业乃至各组织和人群之间的信息落差与贫富分化现象。就我国而言,东西部地区、城市和乡村地区,因为在教育、文化和经济等各个方面的发展程度不同,都引发了数字鸿沟问题。尤其是在网络和计算机应用方面,经济基础好的家庭对电脑的应用频率很高,而经济基础较差的乡村可能还没有用到电脑。与大中型城市的学习者相比,偏远落后地区的人们缺少接触互联网和电脑的机会,而且因为这些地区的信息技术教育水平通常不高,导致学习者缺少足够的利用网络学习的能力和意识。因此在人群和地区之间,因为教育和经济发达程度不一而引发的数字鸿沟问题,不利于网络教育的长效发展,使得部分学习者无法有效地接受网络教育,缺少了促进自身全面成长的重要渠道。在教育领域,必须要消除数字鸿沟,这样才能推动教育公平，这也是教育信息化建设的基本目标之一。

(4)知识产权问题

互联网的开发和利用，往往会带来知识产权的纠纷，其影响甚至蔓延到各个领域和行业，网络教育系统也难以避免。因为网络的共享和开放性，促进了人们对资源进行交换的效率，各类资源能进行简单快速的复制，使得大家能够轻易地获得优质资源，这种状况对资源使用者有益，但是却损害了资源开发者的利益。开发人员付出了千辛万苦才形成的资源，被人们免费地用来复制和使用，自己得不到应有的回报，这样就会降低开发人员的热情，最终导致网络资源的断绝。

尤其是在网络教育系统的建设过程中，必须要注重知识产权保护问题，这样才能维系优良的学习资源不断循环。然而当前人们的知识产权保护意识还不够强，又欠缺完备法律规范的保障，在互联网上进行监管又存在诸多困难，因此在知识产权保护方面问题和阻力很大。例如，我国民众习惯于不付费就能得到资源，因此比较反感收费的网站，倾向于利用论坛等渠道得到免费资源。

但基于另一视角而言，若资源定价太高，不符合多数人的心理预期，或者超过了大多数受众的承受能力，便会引发网络资源的贫富差距。与其他产业相比，教育的终极目的并非盈利，而且尤其要注重义务教育阶段的教育公平问题，切不可为教育资源设置太高的价格，因此要寻找一个合适的平衡点，既可维护资源开发者的应有收益，也不会对教育的公平性造成妨碍。

(5)传统教育与网络教育之间的隔阂

与传统教育相比，网络教育系统的发展主要依靠先进的网络技术，这便导致两者之间形成了很多的隔阂，主要包括：许多学校网络基础设施建设不足也欠缺足够的设备，引发了物质层面的阻隔；年龄偏大的教师不会利用计算机和网络，导致了技术层面的阻隔；当前正规教育体系中并未列入网络教育，导致了制度层面的阻隔；家长、老师和学生等对网络教育知之甚少，对其学习效果心存疑虑导致了心理层面的阻隔。上述隔阂的存在，在一定程度上阻碍了网络教育系统的发展，也不利于其和教育大环境在信息、资源和物质方面的顺畅交流，进而引发生态失衡问题。

第三节 网络教育失衡的调控

网络教育系统中平衡的动态性，意味着系统出现失衡问题是无法规避的，而且失衡现象往往也是一种暗示，表明系统的原有机制已经与当前的环境和需求不相匹配，系统需要进行调整来实现新的平衡。就网络教育系统的建设和开发来看，其开发者、设计者、参与者以及管理者等都要明确了解系统失衡的原因，并主动地探求有效的解决对策，保障系统能够获得平稳健康的发展。本节也根据失衡的原因，努力探索有效的应对之策。

一、从调节网络教育生态系统内部的结构和功能入手

1. 建立合理的信息资源配置环境

(1) 面向学习对象配置信息资源

网络教育系统的发展也存在一定的不足，其中信息资源膨胀便是一个比较严重的问题，具体表现为信息资源缺乏针对性，数量虽然多却不够精确，并引发了检索困难等问题，而且资源庞杂的情况也比较严峻，不但使得资源被无端浪费，而且也不利于学习者效率的提升。为了解决上述问题，在收集、筛选和创建资源的过程中，必须以学习对象为中心，针对他们的学习需求和过程展开剖析，有针对性地选取和开发有价值的信息资源。这样尽管在开发资源方面会增加一定的难度，成本也会有所增长，但有利于学习对象更好地运用资源，提升其学习效率，而且也可避免信息资源的无谓浪费。

(2) 建立资源导航机制

处理好学习资源的问题，还需帮助学习者尽快确定与自己学习需求吻合以及学习进度相符的学习资源。因此要构建一个资源导航机制，帮助学习者快速发现所需资源，或者从其学习需求和进度出发，向他们推荐恰当的资源，使其网络教育活动的效率得到明显提高。想要构建科学的资源导航机制，必须先做好资源的分类和优化，只有界定好各种类型的资源，使得各种资源清楚明白、便于选择，资源导航机制的开展才能顺利进行。开展资源分类工作，

首先要界定科学的分类标准,不但要根据教材、年级、学科等显性区别来对资源进行分类,还应从学业进度的标准出发,按照知识点和章节来做好资源分类,或者根据学习用途完成资源分类。此外,还要对学习进度进行精准记录,保障系统向学习者推荐的教育资源更有针对性,也更加准确。一个有效的资源导航,有利于打造信息传递畅通无阻的学习环境,促使网络教育系统中的信息能够无碍的流通。

(3)及时更新信息资源

在网络教育系统中开展资源建设并不是一朝一夕可完成的事,而且当前知识以极快的速度更新迭代,如果未及时对网络教育资源进行补充和更新,便极可能发生资源老化、资源跟不上学习的需求,甚至误导学习活动的问题。为了避免发生资源老化的情况,管理者需要做好网络教育资源的及时更新,淘汰过时的资源并及时补充新知识。另外,要构建一定的反馈机制,了解学习者对学习资源的意见并进行分析,对发现的错误要尽快纠正,尽可能满足学习者的合理需求。通过上述措施,保障系统随时提供最新的知识和信息资源,保障信息资源以较高的速度流动和传递,保障各种新资源能够源源不断的加入,打造一个生态平衡的网络教育体系。

2. 建立促进网络教育成员间情感交流的策略

个体的全方位发展,离不开恰当的情感教育。而在现今的网络教育体系中存在一个明显的问题,就是学习者彼此之间缺少必要的情感交流,从而引发情感教育方面的不平衡问题。因此必须在网络教育环境中构建情感交流平台,通过一定的合理措施强化学习者在参与网络教育活动中的交流与沟通。

(1)设计虚拟班级,提升学员凝聚力

在开展网络教育的过程中,也可对共同体成员采取一定的班级管理措施。对于学习进度相同的成员,可将他们划入同一个虚拟的班级,然后为每个班级配置班主任,一方面对学习者遇到的问题进行解答和辅导,另一方面也可对学习者进行情感方面的关怀。在班级内部也可安排各类网络互动形式,比如每隔一段时间便可举行班会活动,也可组建一定的班级QQ群,给予成员彼此交流和交换学习心得的机会。另外,还要评选优秀班集体,对优秀班级的活动和成绩在学习网站中进行展示。一方面可强化优秀班级成员自身的荣誉感，另一方面也有利于各个班级之间开展良性竞争，促使班级成员更好的沟通，无形中也能强化成员之间的团结协作与凝聚力，促使学习者能够自发地和其他同伴以及教师展开交流，缓解在网络教育活动中的孤立无援现象。

（2）网络教育中引入师生视频通话功能

教师和学生之间进行面对面的交流，一方面有利于交流活动的有效展开，另一方面也是双方情感交流的重要方式，有利于对学生进行一定的情感教育。以前受制于设备和技术的不足，网络教育很难组织师生进行面对面交流。当前设备的升级以及技术的进步，使得师生之间已经具备了进行视频通话的条件，尤其是云计算技术的应用，打造了视频通话的新形式——云会议，只需通过电脑自带摄像头就能在网络空间进行视频，而且还是允许多人参加的视频会议。如果在网络教育过程中引入该项技术，便能保障师生之间展开即时的视频交流，教师也可通过视频会议来安排和组织班级活动，而所有学习者利用视频也能进行更深层次的情感交流。

（3）设计合作式的课程与作业

在开展网络教育活动时，可将学生划分成不同的小组，并设计一些特定的任务，要求小组成员一起展开探究，通过合作来共同完成这些任务。教师需要对各个小组进行分工并给予必要的指导，然后由小组成员互相配合一起完成作业，教师还要对各小组的任务完成状况进行打分，只给出集体的分数，而不为单个人打分。在这样团队配合型的任务中，小组成员必须和队友之间进行交流，明确自己的责任，通过相互配合更好地完成任务，在过程中感受到集体的力量。

（4）参考社交网络的经验，为师生开设个人空间

网络教育学习者之间展开情感交流，需要借助一定的网络平台，其中社交网站的个人空间就具备这样的功能。对教师来说，他们可将优良的作业案例等展示在个人空间中，供学习者参考与模仿。对于学习者来说，可以设置一定的"成就系统"。这是一种与网络游戏比较类似的任务奖励体系，每当完成某个学习任务或在考试中得到好的名次，学习者就能获得一定的称号或奖章，而他们可将这些奖励在个人空间中进行展示，以此彰显自身在网络教育活动中的成就。要根据任务的重要性以及难易来对称号和奖章进行分级，而

且也要设计一定的标志，使得成就等级也有所区分。这样通过称号和奖章能显示学员取得的成绩，有利于其形成一定的自豪感，爆发更大的学习热情。

3. 建立更加详细合理的网络教育规范制度

网络教育系统的顺畅运行，必须要有合理细致的规范制度。一方面可据此界定学员的责任，明确他们肩负的任务，另一方面也有利于规范其言行，帮助他们做合格的网络教育学习者。考虑到网络教育活动的参与者有时候提供的并非真实姓名，而且道德和法律的约束力在互联网中也有所削弱，这就使得设计一定的规范制度来对成员的言行进行规范显得十分必要。

首先，必须清晰界定网络教育系统中所有参与者的身份、责任与职能。在整个网络教育体系中，学习者是接受服务的对象，为了保障其学习活动能够有序进行，他们必须明确自己肩负的学习任务，必须遵循系统的制度和规定，要配合管理者和助学者的工作，一切的活动都是为了提升自己的综合素质，并取得良好的学业成绩。学习者还要采用文明的网络用语，学习过程中要遵循一定的网络道德，自觉约束自己的言行，打造良好的互联网人际关系。在网络教育体系中，助学者主要指的是教师群体，他们身兼多项职能，但其主要工作是为学习者提供服务，引导学习者开展正常的学习活动，还要从事一定的教学设计和教学资源开发工作，肩负着消除不良信息资源的责任。管理者主要是技术人员，提供的是教育活动的技术支持，其要保障一个稳定运行的网络教育环境，及时对网络资源进行更新，还要对网络教育的垃圾信息及时发现和去除。

其次，设置一定的处罚机制，对违背规则和制度的学习者要施加一定的处罚，不同的对象要适用于不同的处罚标准。对于学习者，在进行处罚的时候，一定要把握好尺度，处罚的方法和手段不能太过严厉，避免损害他们的学习积极性，避免生源的流失。如果学习者做出了发水帖等一般性的违规行为，主要的处理手段是进行教育和警告，或者取缔其发言。如果是扮成学习者在教育环境中故意传播负面消息或者做出违规违法活动，对于这类用户必须将其从网络教育环境中剔除，保障宁静的教育空间。如果是管理者和助学者违反了规则，则要根据他们的失职情况，遵照企业管理规定进行相应的惩罚。

4. 建立未成年学习者行为的监控体系

在网络教育系统中,很多学员是中小学生,这些年龄不大的未成年人自制力往往不强,而且注意力也很难集中,这些都不利于他们开展高效率的网络学习活动,也容易危害网络教育体系的平衡状态。一方面,如若学生不能高度集中精力,就难以取得优良的学习效果;另一方面,如果学生不能在网络教育活动中获得好的学习效果,必然会让教师和家长对网络教育产生质疑,可能会阻碍这些未成年人参与网络教育活动,进而引发了生源的大量流失。

对于未成年人缺少自制力的现实问题,要专门针对他们设置一定的行为监控系统,对未成年学习者的学习时间、成果、进度和效率等有关信息和数据进行及时统计,并将相关信息发送给监护人。借助于这样的学习监控系统,起到监督未成年学习者的作用,帮助他们更好地参与网络教育活动,避免他们打着网络教育的幌子在网络空间中休闲娱乐。通过这样的方式,既能规避未成年学习者分心的情况,也能让家长对孩子的网络教育学习状况有所了解,同时也能提升网络教育在家长心中的口碑和形象。

二、从网络教育系统外部建立预防检测与保护体系

1. 在保证系统开放性的同时对信息进行合理的筛选

网络教育有许多突出的优势,比如网络的开放性能保障各种信息的高速流通,但是在一定程度上也不利于整个系统的平衡。如若网络教育系统中涌入了过多未经过精心筛选的信息资源,其中必然会夹杂一些不良甚至垃圾信息,一方面会使得系统资源过多,损害了整个系统的平衡,另一方面也会扰乱网络教育的环境空间。此外,由于许多学习者是自制力差的未成年人,他们没有能力辨别信息的真假,所以在系统开发的过程中,必须要筛选流入系统的信息,这样有利于保障整个系统的平稳运行状态。

对流入系统的信息进行筛选时,首先要对学习资源进行必要的筛选。与现实的教育环境相比,网络教育体系中的资源相对来说更加丰富,这对学习者来说是一个巨大的资源宝库,使得他们的学习活动更加便捷高效,有利于他们开展发现式学习。而要保障系统信息和资源的多样性,便需要经常从外界吸收各种各样的资源,对系统中的资源进行弥补。过程中必须要选取有价

值的资源，不能片面追求资源数量的增加，而且要根据大多数学员的需求，精准选择恰当的优质的教育资源。首先，资源的质量要有保障，否则资源数量再多也只会形成相反的效果，会造成信息的过度膨胀，不利于学习活动的开展。其次，要规避各类不良信息或广告进入网络教育环境。尤其需要注意的是，未成年学习者很容易受到某些广告的诱导，尤其是对他们吸引力较大的网络游戏广告一旦流入网络教育空间，便会扰乱成员的正常学习状态，使得整个系统的平衡性受到破坏，因为广告中夹杂的文字或者图片信息，很容易分散学习者的注意力，因此这类广告坚决不能出现于网络教育环境中。除了系统本身要做好一定的信息筛选工作，还要帮助学习者让其能够选择有价值的信息，因此要注重对学习者信息辨别和筛选能力的培养，使学习者能够辨别不良的垃圾信息并提升自己的信息素养。

2. 消除数字鸿沟现象对网络教育的阻碍

各地区在教育、文化和经济方面都有较大的差距，而这种数字鸿沟的影响不利于维护网络教育生态的平衡，进而不利于网络教育体系的发展。为了保障网络教育生态的平衡，促使教育公平的实现，因此必须要竭力地消除各种类型的数字鸿沟。

(1)缩小资本和设备间的鸿沟。经济发展不同的地区之所以会出现数字鸿沟，主要原因在于资金和设备方面的投入有差距。相对来说，发展水平不高的地区财政压力较大，对于学校的网络信息建设不能提供有力的支持。要解决这个问题，需要国家有计划地予以扶持，重点是提供资金方面的帮助，帮助落后地区的学校升级信息资源和设备。此外还应出台一定的指导性政策，引导企业和地方教育部门开展合作，共同帮助落后地区升级其网络教育设备。

(2)缩小思想和文化上的鸿沟。各地区在网络应用方面存在差别，不但是由于各地的经济发展水平不同，还由于各地区人们在思想和文化上有着很大的差别。正是人们的思想层面的落后或错误认识，才会导致他们不了解进步技术的价值，不明白网络教育在促进公平方面的意义。而为了消除人们在思想观念上的错误认知，地方教育主管机构需深刻理解网络教育的功能和作用，帮助群众更好地理解和认识互联网空间，促使教育信息设备得到更好的利用，也有利于生源的扩大。

(3)缩小人才和教育方面的鸿沟。现实中之所以有很多人不了解电脑，不会用网络技术，一个重要原因是教育水平的差距。只有通过教育，才能帮助更多人了解信息技术并接受网络教育。此处的教育，不单纯指在校学生，也包含在校教师的信息技术教育和培训。当前许多学校的教师本身没有良好的信息素养，对于网络教育也不够了解，因此在一定程度上会抵制网络教育的形式，而他们的这种抵触情绪会阻碍学生接受网络教育活动。另外，落后地区缺少人才，不利于当地信息技术的发展以及网络教育活动的展开，这些地区的主管部门应努力吸引和留住人才，保障地方建设有足够的信息技术人才，通过这样的方式才可有效缩小地区间的数字鸿沟。

3. 完善相关法律，加强网络安全监管

网络教育体系处于网络环境的整体空间中，网络空间中如果存在安全隐患，必然也会危害网络教育体系的平稳发展。因此，营造优质的网络教育环境，必须要重视网络安全问题，对个人的网络行为进行监管，并加以规范和约束。首先，必须健全相关的法律法规，通过法律来遏制各种网络犯罪，这是保障网络安全的有效手段。其次，要重视对网络犯罪采取必要的监督和控制手段，扼杀违规不法人员的侥幸心理。再次，管理者和助学者要注重对网络安全的维护，要及时发现各种流入网络教育环境的病毒和不良信息。最后，要在学员间开展网络安全教育，帮助学习者辨别各种类型的网络诈骗，提升他们的网络安全素养，教师也要指导他们学习使用一定的网络安全工具，善于利用各类有效的杀毒软件。

4. 加强网络教育中的网络道德建设

想要打造一个安稳的网络环境，不能单纯依靠法律的力量，还必须注重对网络人员的行为进行规范，通过一定的道德准则来约束人们的言行。打造道德感强的网络空间，是构建和谐网络教育环境的重要前提，据此可帮助学员缔造优良的网络人际关系。但是人们在网络中通常是以虚拟身份参与活动，这使得他们的言行难以得到有效的约束。因此各种不文明的用语在网络中经常出现，甚至还有部分心存歹意的人故意造假传谣，而这些不道德现象极大地污染了网络教育环境。为了减少这些负面的影响，必须在网络教育体系中制定相应的道德规范，并对学习者开展网络道德教育，让他们了解自身参与

网络活动应遵循的规则和恪守的道德以及构建良好网络关系的重要性。

5. 为网络教育的发展提供政策上的支持

近些年网络教育获得了高速发展，但这些由企业主导推行的网络教育活动通常未能纳入正规教育系统中，只是以辅助性的教育形式存在。而当前，为了推动信息化的发展和建设，国家在《国家中长期教育改革和发展规划纲要（2010-2020年）》中明确了促进教育信息化进程的有关要求。

在教育信息化建设过程中，必不可少的环节是网络教育建设，因此教育部门对此应予以关注和扶持，出台一定的扶持性政策，引导和促进网络教育的良性发展。网络教育系统的发展需要国家在政策上的有力扶持，但当前的政策支持力度较小，在一定程度上阻碍了网络教育的前进。具体而言，教育部门及学校不但要重视网络教育，而且也应开展一定的建设任务，并将网络教育纳入正规教育系统中，打破与学校教育之间的阻隔。

6. 合理保护知识产权

在网络教育系统中，为了保障资源能够获得健康发展，必须加强知识产权相关的保护，使得资源建设者的合法利益得到应有的保障。网络教育是教育系统的一个分支，其根本的属性仍旧是教育属性。如果网络教育资源全部需要购买，就可能导致教育资源在分配方面引发一定的不公，使得家庭条件较差的学习者无力购买相关的教育资源，而在基础教育阶段关注的是教育的公平性，必须要提供一些免费的教育。这便会引发一种矛盾，即怎样既能保障教育资源的开发者获得应有的酬劳，但又不会让网络教育接受者承担太多的经济负担。一个有效的途径是，国家和企业之间展开合作，企业组织人员进行资源的开发，国家买入资源并构建相应的公共网络教育资源库，为广大学习者提供一些免费的资源扶持，而拓展性资源的主要购买者则是各网络教育平台。

第七章　网络教育生态系统的健康与评价

20世纪90年代以来，网络生态问题引起全球重视。目前，网络教育生态系统还在摸索的阶段，因此难免会遇到一些难以平衡和适应的现象，如何加强人工干预，增强网络教育生态系统的调控能力，使网络教育生态系统走向平衡和健康，是网络教育系统研究的重要内容。本章将从生态系统健康学的角度，参考有关的理论成果，围绕着网络教育生态系统，构建起恰当的评价指标体系，对当前网络教育生态系统的发展状况进行剖析，促进网络教育生态系统保持健康活力。

第一节　网络教育生态系统健康

目前，"生态健康""生态系统健康"等问题广受关注，人们通过各种呼吁，希望"为环境管理提供明确目标，为生态系统的状态评估提供客观尺度，为决策者、大众以及专业人士之间提供交流平台"[①]。通过对生态系统健康理论的梳理，把握人们对生态健康的思考和期望，是确立网络教育生态系统健康内涵的前提。

---

① 张志诚，牛海山等."生态系统健康"内涵探讨[J]. 资源科学，2005(1)：136页.

一、生态系统健康与评价

20世纪40年代，Leopold第一个构建了"土地健康"概念，并对此进行了全方位的论述；经过了数十年的发展，生态健康学在20世纪80年代发展成一门学科，对人类的活动和健康、自然系统以及各类社会组织进行研究，相关知识涉及社会、自然以及健康科学等诸多领域的内容，旨在为解决日益紧张的环境问题提供政策引导、理论支持，并表达强烈的社会愿望和呼声，现已成为生态学应用研究的新热点。

1. **生态环境问题凸显**。20世纪中叶以来，随着全球环境变化和经济全球化的深层发展，人类社会面临着人口剧增、环境污染、气候变暖、臭氧损耗、生态破坏、能源耗竭等一系列全球性危机。20世纪80年代末，在可持续发展思想的推动下，生态问题引发全球关注。2004年，美国生态学会生态远景委员会在发布的战略研究报告中指出：未来的环境是一个综合性的生态系统，为了实现人类的可持续发展，必然要展开科学的生态学规划和决策。而为了更好地对生态学知识进行应用并展开相关研究，全世界范围内的政府、组织、公众以及科学家都要展开合作，打造出全新的生态文化。

随着社会经济的发展，人类不良行为导致环境的破坏范围，已从部分区域发展到整个生物圈，对人类和地球的可持续发展产生了恶劣影响。面对赖以生存的生态环境出现的各种问题，为了人类的生存和发展，人们开始探索解决地球出现的各类生态疾病，研究生态系统产生疾病的原因及其机理，并从人类健康的高度思考生态环境问题。自20世纪60年代环境问题的爆发到80年代可持续发展问题的提出，人们逐渐认识到生态环境对人类生存与发展的必要性，认识到将可持续发展贯彻落实于实践活动中，首先需要对环境和资源展开高水平管理。尽管采用了经济、生态、工程技术等学科方法，并作出了很大的努力，但生态环境状况仍在不断恶化。如经济管理方法忽视了大自然的作用，生态方法对人类社会和经济活动考虑不足，工程技术方法在解决问题时常常会产生新的问题，现实的状况促使人们开始对单一的管理方法加以反省，逐步发现必须综合利用多种方法并兼顾多个学科的知识，形成关于环保问题的深入而系统的论述，才能真正让人们重视生态环境有关问题，

第七章 网络教育生态系统的健康与评价

才能有效应对全球生态问题。

2. 生态系统健康概念。随着环境的恶化与生态问题的普遍出现,生态系统健康(简称"生态健康")问题逐渐引起人们的关注与重视,并形成了生态系统健康学专题研究来分析各类生态健康问题。"生态系统健康学是一门交叉学科,它综合了自然、社会以及健康等多个学科的知识,对生态系统及其管理活动的基本特征进行研究,并探究人类健康与生态系统之间的内在关联。[①] 随着工业化进程的加速,环境污染日趋严重,生态系统健康状况令全球关注。为了避免人类遭受气候变暖的威胁,1997年12月,在日本京都举行了《联合国气候变化框架公约》(United Nations Framework Convention Climate Change,UNFCCC)第三次缔约方大会,149个国家和地区的代表通过了旨在限制发达国家温室气体排放量以抑制全球变暖的《京都议定书》,目的是保障温室气体能维持在恰当的水平,规避严重气候变化对人类产生巨大的伤害。2011年11月28日至12月11日,在南非德班举行了"共同努力,拯救明天"气候大会,经过近两周"马拉松式"的艰苦谈判,决定实施《京都议定书》第二承诺期并启动绿色气候基金,资助受全球气温上升最直接影响的贫穷国家,帮助他们应对气候变化的挑战。对生态环境进行保护,促进人类的永续发展是当前全球各国面临的重要又艰难的任务,这关乎全体人类的发展前途,对世界上所有的国家、民族和个人都有着持久的影响。

生态健康是一个很复杂的概念,目前还没有一个确切公允的定义,它涉及生态学、物理学、伦理学、社会学、文化学、艺术学、经济学、工程学以及信息科学等方面,主要研究生态系统内部秩序和组织的整体状况。当前生态健康的内涵愈加丰富,并不仅限于生态学上的定义,而是对人类健康、社会经济以及生态等多个领域的知识进行整合,由此形成的一个综合性的概念。1998年,加拿大学者Rapportz主张,生态系统所拥有的可持续性以及稳定性,便是我们所说的生态系统健康,具体指的是在时间层面,生态系统能够进行自我调节、维系稳定的组织结构、面对胁迫又具备相应的恢复能力。通常情况下,生态系统健康包含下列特点:不会因为胁迫综合征而受到巨大影响;

[①] 王庆礼. 生态系统健康学:理论与实践[M]. 沈阳:辽宁科学技术出版社,2007:1.

具备较强的恢复能力，即便遭受了人为的或自然的干扰，也能及时恢复；在未投入状况下也可自我维持，不会对相邻的系统造成影响和压力；经济方面是可实行的，不会因为风险因素遭受较多影响；有利于维护人类的健康，维持各有机群落的平衡发展状态。

3. 生态系统健康评价理论。当前人们已经形成一种普遍认知，不管是经济社会的发展，还是人类的生存与健康都与生态系统健康存在着紧密联系。所以我们必须重视生态系统的健康状态，并展开相应的分析和评价，据此明确各类生态因子所具备的健康状况。生态系统健康评价指的是，针对生态系统的功能状况对其进行分类，据此区分病态的和功能完好的生态系统，然后展开相应的分析，发现导致病态的原因，寻找预防以及帮助生态系统恢复的有效方法。评估生态系统的健康状况，要具体考虑下列三个特征：根据生态系统展示出的初级生产力等来评估该系统的活力，据此了解其功能情况；根据生态系统遭遇胁迫时维系其功能和结构的能力，来评价该系统的恢复力；根据系统组分的数量以及彼此的作用来评估该系统的功能和组织结构状况。

当前，主要运用下列方法来对生态系统健康情况展开评价：一是设置关键指标，对面临有害环境压力的生态系统所表现出的特征加以诊断。二是对生态系统遭遇自然灾害干扰时的抵抗能力以及恢复能力进行评价。一般来说，恢复力及抵抗力强的生产系统，其拥有的健康程度更高。三是评估生态系统的健康风险问题，也就是对各类有可能损害生态系统健康的不良事件出现的概率以及各种概率下不良事件引发后果的严重程度进行评价，据此找到有效的应对策略。评估的关键在于开展科学的风险决策管理，针对可能出现的风险问题，采取有效的预防手段，进而实现对生态系统健康的维护和保障。生态系统健康评价，既要对生态因子进行评价，也要对整个生态系统进行综合评价，要针对公共政策、人类健康、社会经济以及生物学的范畴和领域展开评价。以上几个方面要相互结合，而不应使它们彼此割裂，这样才能达到一个完整的有机的体系。生态系统本身比较复杂，对其展开健康评价不但要对单个领域进行分析，还要针对系统整体展开综合评估和分析。

人类社会想要实现长久的健康的发展，必须要保障生态系统的健康发展。而一个健康的生态系统，必须保障自身是可持续的，而且其内部结构也是稳

第七章 网络教育生态系统的健康与评价

定的，面对胁迫时有足够的恢复能力。因此，我们要基于健康学、社会学以及生态学等相关领域，展开综合性的生态系统健康评价，对经济活动、社会活动对人类健康、环境变化、经济发展、社会进步的影响进行讨论，使得生态系统能够与人类的价值取向、发展思路相互融合，进而对系统的健康状态形成比较准确的判断。对生态系统展开健康评价，并非为了诊断系统的病灶，而是要基于严密的生态学框架，并参考社会学和健康学的相关主张，科学地阐述生态系统的特征，清晰界定符合人类期待的生态系统状态，由此明确生态系统破坏的高低阈限。要秉承可持续发展的理念，对生态系统给予应有的保护，通过一定的法律、政策等约束条件，展开高效的科学的生态系统管理，为生态系统健康状态的保持提供理论参考和实践支持。

经过多年的发展，目前在生态系统健康评价方面已经形成了许多理论成果，也积累了相应的实践知识，并且在企业生态系统等领域得到了大量的应用。企业生态系统健康评价着重从"结构属性、环境要求、生产力、持续力和协调管理机制要求"等方面，分析企业生态系统的环境条件、生产能力、产品质量、服务水平、发展前景等健康问题；信息生态系统健康评价着重从"性质特征、形态表现、沟通方式和整合机理"等方面系统探讨信息生态系统的健康状况；网络信息生态系统健康评价着重从"保持网络信息生态平衡、传播适度的内在与外在控制因素（自然因素、社会因素、个人因素等）"等方面，构建起科学的评价指标体系，进而能够有效地对网络信息生态系统的健康状况进行剖析。我们除了借鉴生态系统健康评价理论，还要针对网络教育生态系统构建相应的健康评价标准，进而对当前的网络教育生态系统的健康状况形成科学的分析。

二、网络教育生态系统健康

生态系统健康这门学科，其功能和作用是促进对生态系统功能的有效诊断。据此可知，网络教育想要实现有序长远的发展，前提是要维护健康的网络教育生态系统。研究和探讨网络教育生态健康状况，有利于寻找有效的策略，推进整个网络教育生态系统的长效发展与良好运行。

网络教育生态系统健康涉及很多学科的知识，其中关系比较密切的是生态学、教育学以及生命科学等领域的理论和知识，要将有关学科的知识和理论成果进行整合与利用，以网络教育生态系统为中心，探究各生态因子所具备的恢复力、组织能力以及活力，并探讨与社会组织和信息等系统之间的关联。网络教育生态系统健康关注的是系统在运行过程中所展示出的功能以及维系结构稳定的能力，其内涵主要表现为：健康是一种评价结果，是一种相对状态，与不健康（"功能障碍"或"生态疾病"）相对应；健康表示网络教育处于一种稳定的状态，具有健康发展的空间；表示网络教育生态系统结构中各生态因子之间的平衡，处于良性运行状态，没有功能失调；健康表示网络教育具有恢复能力和自我维持能力，具备较强的管理功能和服务功能；健康表示网络教育具有活力，能够推进网络教育的长效发展。

就网络教育生态系统而言，其健康状况直接影响到系统的最终运行结果，也影响到网络教育功能能否得到切实体现。对系统的健康状况进行评价，能够对系统运行状态实现全方位了解，及时发现系统中的不足和问题，进而采取有效的调控手段，使得整个生态系统能够有序运行。

第二节 网络教育生态系统的评价目的与方法

网络教育生态系统是一个复杂系统，涉及诸多生态因子，其健康状况评价是一项极为复杂的专业工作，需要明确网络教育生态系统的评价目的，厘清网络教育生态系统的评价流程，确定网络教育生态系统的评价主体，科学设计评价方法，以便总结网络教育的建设经验，规范网络教育建设，完善网络教育生态系统的理论体系。

一、网络教育生态系统的评价目的

1. 优化网络教育生态系统的结构

网络教育生态系统比较复杂，其中包含了彼此制衡和联系的生态因子子系统，这些子系统在整个系统中各具功能和作用，由此促成生态系统整体功能的发挥。要根据评价指标和方法，对各生态因子的运行情况进行分析，找到不利于网络教育生态系统长效运行的生态因子，并分析其具体的阻碍性表现。依据分析的结果，采取一定的人工干预手段，强化对系统的调控，使得系统中的生态因子能够得到一定的优化，使其作用得到进一步的发挥，从而改善整体的网络教育生态系统，促使其能够协调平稳地发展和运行。

2. 促进网络教育信息资源的集成

开展网络教育建设，在一定程度上能够推动网络教育信息资源的有效整合。在以往很长时间内，教育部门都不注重收集与整合有效的教育信息资源，导致资源的集成度不高，在分布上又比较松散，难以对教育信息资源实现高效的利用和开发。而借助一定的评价活动，可及时发现教育资源建设和应用过程中的问题，采取有效的调控和管理措施，使得网络教育信息资源的整合能力加强，促进有关教育资源的建设和优化配置。

3. 提升网络教育信息服务的能力

网络教育的出现与高速发展，尤其是其服务性、便捷性以及技术性等特征，有利于传统教育信息服务的升级和转型并拓展服务的范畴。通过一定的评价工作，可及时找到信息服务中的不足之处，进而寻找更好的对网络教育信息资源进行开发和利用的方法，探索多样化的服务渠道。围绕着网络教育信息资源，构建起一定的利用和开发机制，促进其深度开发、及时处理、安全存储、快速流动和有效利用，为教育服务模式"'从国家模式到社会模式的转变'、'从教育实体服务到知识服务的转变'、'从注重社会效益向社会效益与经济利益并重转变'、'从单一服务到综合性集成服务转变'等转型"创造有利条件，提升网络教育信息服务的水平和能力。

4. 推动教育信息化的建设与发展

教育信息化的发展，将推动相关网络教育建设事业，而开展一定的网络教育建设活动，也极大地影响了教育信息化建设的深度和广度。想要对网络教育信息化的建设情况实现全方位的了解，必须要依托于客观的网络教育生态系统评价工作。

二、网络教育生态系统的评价流程

评价流程又称评价程序，邱均平教授等在《评价学：理论·方法·实践》一书中指出，评价程序可分为评价全过程的整体流程和评价实施阶段的具体流程两部分。前者从评价委托方着眼，整个流程分为评价准备阶段、评价实施阶段和评价结果利用阶段；后者从评价实施方来分析，整个流程由三部分组成，分别是评价准备阶段(确定评价对象、目标、计划和搜集资料信息等)，评价进行阶段(指标体系的建立、评价方法的选择以及形成评价结论)，以及评价结束阶段(检验与修正评价结果)。① 网络教育生态系统评价流程与一般评价活动的流程基本相同。

1. 需要明确网络教育生态系统的评价指标和内容，并建立起相应的评价指标体系，这些前期工作的落实将为后续有序开展评价奠定基础；

2. 确定评价主体和评价方法；

3. 围绕评价指标进行调研，搜集相关评价信息数据，组织实施评价；

4. 计算评价结果，检验分析评价结果的合理性；

5. 形成网络教育生态系统健康状况评价报告，并反馈评价意见。网络教育生态系统评价流程如图7-1所示。

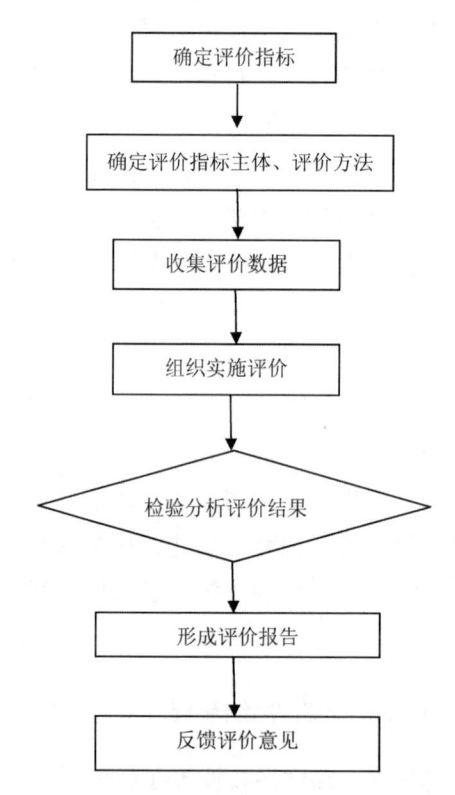

图7-1 网络教育生态系统评价流程示意图

① 邱均平、文庭孝等.《评价学：理论·方法·实践》，北京：科学出版社，2011：131-132.

三、网络教育生态系统评价系统的三种类型

1. 自我评价

自我评价法是网络教育工作人员根据网络教育建设实际体验，对照评价指标，对网络教育生态系统的健康状况及质量展开评价。自我评价是生态系统进行的自我总结和检查，有利于提高网络教育生态系统的质量。自我评价意见具有参考性，结论一定要公正，与客观事实相符，不能过分夸张，避免和其他评价之间形成太大的差距，具体的步骤包含如下：

（1）评价的准备。评价人员应是参与网络教育建设的工作人员、教育部门的负责人或相关的教育业务骨干，预先应向评价人员提供评价标准、网络教育建设状况及相关辅助材料，说明评价要求。

（2）评价的实施。采取分头打分的方法或举办评价会议，依据评价指标体系，由工作人员针对各个指标给出评分。对省级以上的网络教育最好采用会议形式进行评价。

评价汇总。收集整合给出的评分并得出相应的结果。

评价小结。收集、整合评价人员给出的评分情况，并得到评分的结果。论述网络教育生态系统的建设状况及运行结构，对其创新之处、特点及暴露的不足加以归纳，得到一份综合性的总结报告，为用户和专家的评价提供一定的借鉴和参考。

2. 用户评价

由用户从其参与网络教育活动的切身感受出发，遵循一定的评价指标，综合利用定量和定性的方法，对网络教育生态系统的健康及质量情况进行评价。因为用户是系统的服务对象，所以其评价意见应予以高度重视，要看到其导向性的功能。用户评价的具体步骤是：

（1）评价的准备。评价人员的选定。评价人员的确定应注重针对性和表性相结合。参与评价的人员可以是管理人员、专家学者、技术人员、普通民众等，评价人员的具体选定要按照网络教育种群类型有所侧重。如高校网络教育可多选本校的师生参与用户评价，企业网络教育可多选本企业的专业技术人员、管理人员等参与用户评价。

预先向评价人员提供评价标准、网络教育建设状况及相关辅助材料，说明评价要求。

(2)评价的实施。采取分头打分的方法或举办评价会议，依据评价指标体系，由工作人员针对各个指标给出评分。

评价汇总。收集整合给出的评分并得出相应的结果。

3. 专家评价

20世纪60年代，道格拉斯和德兰公司联合提出了借助反馈对专家意见进行整合的方法，这就是专家意见法[①]，其已在社会各领域的评价中广泛运用。专家评价法是由专家依据一定的评价指标，结合其经验和专业知识，对网络教育生态系统的健康和质量情况给出评价和建议，具有客观性、学术性、专业性和权威性。专家评价的具体步骤是：

(1)评价的准备。确定评价专家名单。评价专家应当是网络教育和教育管理方面形成了一定的理论成果、经验比较丰富、专业能力较高的人员。

依据评价要求，初步设计评价指标体系，征求用户、专家以及主要业务人员等的看法，对指标体系进行优化改进并得出最终的评价指标体系。

要提前向专家发出邀请，并向他们提供网络教育建设状况、评价标准及相关的辅助材料，说明评价要求。

(2)评价的实施。综合利用信函、会议等方式，安排专家根据标准对相关指标进行评分。一般来说，专家会通过会议的形式给出评价的意见，如果指标难以利用分值进行评估，则相关意见要通过书面形式进行表达。

评价汇总。整合专家的评分并得出结果，对专家的书面建议进行分类整合。

评价小结。对网络教育的建设状况、特色、创新点和存在的问题进行总结、归纳，形成评价意见。

4. 综合分析

(1)确定权重。网络教育建设人员熟悉网络教育生态系统的形成、成长过程和建设内容，便于对网络教育建设作出初步的总结和评价。但是，由于容

---

① 唐广．企业价值评估指标体系研究[M]．经济管理出版社，2007：27．

第七章 网络教育生态系统的健康与评价

易受到主观认识的局限,正所谓"当局者迷",因此,自我评价只能是评价的前提和基础,为用户评价、专家评价做准备和提供参考。

用户是网络教育服务的受众,网络教育对用户需求的满足程度,用户是最有发言权的。用户评价比较直观、朴素,针对性强。用户评价往往只有感性的认识,缺乏理性的思考。

专家是网络教育或教育管理领域的行家,他们的认识和评价相对比较全面、合理和公正,具有前瞻性、专业性、学术性和权威性,是推动网络教育生态系统评价工作的重要力量。

自我评价、用户评价和专家评价这三种评价可以同时实施,也可以实施一种或两种评价,专家评价一般必不可少。三种评价可以通过权重来确定每个评价主体对评价结果的影响程度,权重的总和应为1。一般来说,自我评价的权重应当低一点,约10%左右;其他主体评价的权重设定应从实际出发,视网络教育建设实际状况和类型而定;专家评价的权重应占主要比重。

(2)分析结果。

①形成综合分值。根据自我评价、用户评价和专家评价的结果和各自的权重,计算出网络教育生态系统评价的综合分值。

综合分值=自我评价分值×自我评价权重+用户评价分值×用户评价权重+专家评价分值×专家评价权重

如,某网络教育生态系统的自我评价、用户评价、专家评价的汇总分值依次是90分、78分、80分,三种评价的权重依次是0.1、0.3、0.6,综合分值的计算结果如下:

综合分值=90×0.1+78×0.3+80×0.6=80.4

评定综合分值有两个作用:一是用于检测网络教育建设的质量及生态系统的健康状况;二是可用来对不同的网络系统展开横向的比较和分析。

②分析单项分值。即对指标体系的分值进行逐项分析,逐项分析有利于对网络教育生态系统中的各个生态因子质量进行定量分析和定性思考。比如,想要了解教育管理者的工作情况,主要的依据便是"教育管理者"生态因子获得的评价分值。如果这项生态因子评价分值较低,说明教育管理者的素质和管理水平有待提高,应有针对性地加以调整和改进。在定量分析的基础上,

还需进行定性分析，找出存在问题及原因所在，总结经验和教训，以便于网络教育生态系统朝着健康的方向发展。

③撰写评价报告。评价报告是在对综合分值和单项分值概括和归纳的基础上，参考专家、用户的建议，进行全面的分析和理性的思考，形成正式的评价报告。评价报告应由网络教育建设部门或主管部门撰写，该报告包括教育生态系统的建设状况、建设特色和成效、社会评价、存在问题、改进建议等。

④评价结果反馈。评价结果反馈是实现评价价值的重要举措，否则，为了评价而评价就失去了评价的意义。网络教育建设部门应根据评价反馈信息，及时总结网络教育生态系统的建设经验，分析网络教育生态系统的优势与不足，发扬优势，改进不足，保障整个网络教育生态系统的有序运转。

四、网络教育生态系统的评价方式

网络教育生态系统的评价方式主要有问卷评价、会议评价、即时通信评价等三种。

1. **问卷评价**。问卷评价是通过发放和反馈问卷的方法实施评价。这种评价方法的优点是节省时间、经费和人力，问卷评价结果容易量化，便于统计处理与分析，适用于大范围的评价。缺点是问卷设计内容难以把握，一般内容广而不深，评价抽样调查样本难以确立，问卷的回收率难以保证，缺少互动交流。

问卷评价的关键是评价人员的选定和问卷的设计。评价人员应当以利用网络教育的用户为主。问卷内容设计要以网络教育生态系统的指标体系为依据，不宜太深，答卷时间不宜过长。为了方便评价人员答卷，应当尽量地设计选择题(客观题)，少用问答题(主观题)。

2. **会议评价**。会议评价是通过召开网络教育生态系统评价会议的方式实施评价。这种评价方法的优点是便于充分地讨论交流，集思广益，便于总结经验和教训，形成较为全面的评价意见；缺点是容易受权威人士评价意见的左右，影响评价结果的公正性。

为了开好评价会议，首先是要选好评价人员，评价人员要具有专业性、代表性，一般为网络教育领域的专家。其次要安排好会议的议程，包括网络教育生态系统建设状况汇报、现场考察和演示、倾听用户意见、开展专业质询和形成评价意见等。

3. **即时通信评价**。对互联网消息展开即时发送和接收的业务，便是即时通信。即时通信评价是通过手机、邮件、网站、（微）博客、QQ等信息技术手段与工具实施的评价。这种新的评价方法优点是参评人员范围广，评价速度快，评价效率高，便于计算机辅助统计分析，最大限度地节省评价时间、经费和人力。缺点是不便于评价人员开展深入的交流和讨论，受技术条件限制，评价内容设计难以把握。

运用即时通信评价一般先将网络教育生态系统的建设状况和评价标准通过网络或传媒传递给评价者，要求评价人员在一定的时间范围内反馈评价意见。这种评价方法有广阔的应用前景，应当积极地利用。目前，许多选秀节目广泛采用手机、网络投票的方式让用户参与评选，我们也可以借鉴这种方式进行评价，评价问卷答题要尽量简化，答题内容应相对简单，方便公众能广泛地参与网络教育生态系统的评价工作，以扩大教育工作的社会影响力。

第三节　网络教育生态系统的评价指标体系

笔者建议，指标体系应采用量化的方式建构。评价指标体系设计要有助于揭示网络教育生态系统的健康状况和问题，能全面反映网络教育的建设成果，以便于总结经验、克服不足，推动网络教育生态系统的改进和优化。

一、网络教育生态系统评价指标体系的设计原则

评价指标的选择和设计是否合理，影响到评价指标体系的科学性和评估功能，关系到可否对评价对象状况予以全方位的展现。因此，要基于下列设计原则，针对网络教育生态系统构建科学的评价指标体系。

1. **科学性和实用性原则**。开展评价工作是为了了解网络教育生态系统的运行和健康状况，因此必须设计科学合理的评价指标体系，据此可了解系统

当前的应用状况，预测系统未来的发展趋势，因此指标体系必须要具备超前性。另外，为了保障网络教育建设工作能够持续高效展开，整个生态系统能够有序健康运作，必须要从本地区本行业的教育工作状况出发，基于合理的尺度并考虑现实的建设难度，构建恰当的评价指标体系，切不可脱离当地的网络教育建设实际，不可构建与行业需求不相吻合或不利于地区网络教育发展的指标体系，以免形成错误的指导结果。设计评价指标体系时要充分考虑实用性，简便易行，因为烦琐的评价指标体系会遭到各方抵制；对不易获得的数据和信息要设法避免，使设计的评价指标具有针对性和可操作性。

2. **政策性和规范性原则**。要基于国家的政策和制度，进行评价指标体系的构建。评价指标的内容必须要符合国家在网络教育发展方面的政策和要求，又与网络教育的发展规律相匹配，也能反映用户的现实需求，尤其是评价指标体系的建设必须要满足规范性的要求，必须与现有的政策规定及其指向性相符。这样形成的评价指标体系及其得到的结论，才能真正指导教育信息系统的建设，并按照符合国家要求的方向进行，避免出现不合规不合法建设的情况。

3. **系统性和层次性原则**。要基于系统的视角，对各生态因子彼此的关系进行分析，对系统的总体结构进行考量，由此构建一个具备全局观的总体性的评价指标体系。指标体系还要具备层次性，对系统各方面都能展开全面评价。在对评价指标进行设计的过程中，必须要基于逐步细化和深化的要求，对系统中的不同生态因子的质量和层级予以体现，但是层次结构的设计必须合理，数量要适中，不可太多也不可太少，这样才能保障评价工作能够切实开展，降低实操方面的难度。

4. **动态性与灵活性原则**。评价指标体系的构建和设计，要立足于网络教育建设的工作实际，要考虑信息技术的发展水平，根据客观变化情况展开必要的改进和优化，使得评价指标体系能够体现对现代信息技术的应用以及网络教育的动态性发展。同时，网络教育生态系统评价指标体系的设计应具有灵活性和可扩展性，为指标体系的变动留下一定的拓展空间。

5. **可测性与可比性原则**。可测性指的是，各指标的选择必须符合可测量的要求，要对评价数据能否能够获得进行考虑，还要思考相关指标是否能够实现量化分析。可比性指的是，得到的评价结果不但能够展开纵向的比较，也能进行横向的对比分析。纵向比较指对比分析网络教育生态系统在各个不同的发展阶段所展现的特征，横向比较指对各系统彼此之间进行的对比分析。网络教育生态系统评价只有在同一评价指标体系下才具有可比性，才能区分网络教育生态系统健康状况的好与坏。

二、网络教育生态系统评价指标体系的内容

网络教育生态系统评价的关键是指标体系的建构。由于评价指标涉及多个领域和学科的内容，因此在内容设计方面必须要有一个明确的思路，应以网络教育生态系统结构为基础，全面涵盖网络教育生态系统中的生态因子；同时，还要关注网络教育的建设效果，对系统的健康状况及运行情况进行考察与评价。评价指标体系可分为主体评价指标、客体评价指标和建设效果评价指标三个部分。

1. 主体评价指标。该指标是网络教育生态系统评价的重要内容，主要包括教育助学者、教育管理者、学习者等三个方面。

(1) 教育助学者。评价内容主要是教育助学者的基本素质、专业素养、信息素养等三方面，具体评价指标包括学历层次、工作态度、工作能力、教育意识、专业知识、信息意识、信息技能、教学质量等。在网络教育生态系统中，教育助学者的基本素质和专业素养关系到教学质量。教育助学者学历层次高、工作认真负责、态度端正、教育意识强、专业知识扎实、信息素养高、技术能力强，则有利于从源头上保证网络教育信息资源的质量。

(2) 教育管理者。评价内容主要是教育管理者的基本素质、专业技能、信息素养和学术水平等四方面，具体评价指标包括学历结构、知识结构、年龄结构、工作态度、专业知识、研究成果、编研成果等。在网络教育生态系统中，教育管理者的学历结构、知识结构、年龄结构应合理，须满足网络教育的建设与发展；教育管理者的综合素质高低关系到网络教育的管理水平，影响到对各项信息资源的应用以及开发效果，关系到资源的价值能否得到切实的体现，也对网络教育功能的拓展具有直接的影响。教育管理者基本素质高、专业技能强、信息素养好、学术水平高，则有利于网络教育的长效发展，反

之则不利于网络教育的平稳运行与健康发展。

(3)学习者。评价内容主要是学习者的群体分布、专业素养、利用技能等,具体评价指标包括职业背景、年龄结构、教育意识、教育信息利用需求、利用频度、信息检索能力、信息加工能力等,关系到教育信息的利用效果。网络教育生态系统中,学习者的群体分布广泛、学习意识强、教育素养高、教育信息利用好,则有利于网络教育信息服务工作的开展,反之,教育信息利用服务开展的难度就大。

2. **客体评价指标**。客体评价指标包括网络教育生态系统中的宏观环境、中观环境和微观环境,涉及面广,内容多样,具体包括以下方面:

(1)社会环境。评价内容主要包括政治环境、经济环境、法制环境、教育环境、科技环境等,具体通过考查政治民主、社会稳定、经济发展、信息化水平、法律法规、教育管理体制、文化教育、科技发展、新技术开发与应用等指标,综合分析社会环境状况。

(2)自然环境。自然环境对网络教育信息资源的保存条件直接产生影响。自然环境评价内容的重点应放在机房选址、气候环境、周边环境、污染状况等。网络教育机房选址要充分考虑地震、台风、海啸等自然因素;同时,机房所处位置应气候环境适宜、周边环境良好、污染程度低,便于教育资源的安全和提供利用。

(3)教育行政管理机构。教育行政管理机构肩负着网络教育建设划制定、标准规范实施、监督检查、业务指导等职责。教育行政管理机构评价内容主要体现在其行政管理能力和业务指导能力方面,评价指标具体包括政策法规、行政执法、财政支持、业务培训、业务指导、宣传教育、新技术推广等。

(4)行业协会。教育行业协会对网络教育建设具有业务指导和监督职能。行业协会评价指标具体表现在合作交流状况、协作共建情况、业务指导能力、社会沟通能力等方面。

(5)传统教育。传统教育是网络教育建设的基础,评价内容的重点应放在教育信息资源状况、教育管理水平、教育服务能力和科研能力上等。具体指标体现在教育信息资源规模、教育信息资源结构、教育信息资源特色、教育管理基础、教育管理手段与教育管理方法、教育服务方式、教育利用效益、教育科研项目、教育学术成果等方面。

(6)其他信息机构。其与网络教育具有广泛的业务联系，是网络教育的合作伙伴与竞争机构。评价指标主要体现在信息资源共享、业务联系、科研合作等方面。

(7)信息资源。信息资源是网络教育生态系统的核心，信息资源评价是网络教育生态系统评价的重要内容，有助于揭示教育信息资源的数量、质量和结构等情况。评价指标具体表现在教育信息资源的广度、深度、特色、网络教育资源比重、教育数字化程度、保存状况等方面。广度是指教育信息资源的丰富程度，体现在教育来源是否广泛，教育信息资源内结构能否反映社会发展全貌等。深度是指教育信息资源的价值和教育信息资源的利用状况，表现为教育信息资源的利用频率、利用数量、利用人次、网站浏览量、利用效益、利用反馈等，能够反映网络教育信息资源的质量和利用效果。特色主要表现为反映各网络教育机构所开设的专业性网络课程。网络教育资源比重、教育数字化程度反映了网络教育信息资源记录形式的结构状况，网络教育强调其比重要大，数字化程度要高。保存状况主要表现为网络教育信息的载体安全与内容信息安全，如载体形态、保护条件、网络安全、备份状况、管理措施等。

(8)运行机制。运行机制直接关系到网络教育的实际运行，包括动力机制、控制机制、约束机制等。评价指标具体表现为运行状况、管理机制、管理水平与管理效率、组织协调能力、技术应用、社会合作、资金投入、人才保障、创新机制等方面，攸关网络教育生态系统的协调运行。

(9)基础设施。网络教育基础设施的内容覆盖广，评价内容主要是网络教育软硬件系统和机房建筑。具体评价指标包括网络教育网络设施、网络安全系统、计算机和服务器设备、数字化设备、多媒体设备、存储设备、备份设备、教育信息化管理工作平台、教育数据库管理系统、教育利用服务系统、教育网站、网络教育机房建筑、机房智能监控与安全保障系统、温湿度调控系统、水电设施等。

(10)组织文化。组织文化是网络教育生态系统宝贵的无形资产，能激发教育工作者的工作热情，推动网络教育的可持续发展。组织文化评价内容主要是考察网络教育生态系统的文化氛围和员工的精神面貌,具体评价指标体现在网络教育全体工作者的凝聚力、协同力、创新力以及价值观念、行为规范、规章制度、管理环境、教育信息资源展示与传播状况等。

3. **建设效果评价指标**。网络教育建设效果评价指标主要从主观方面评价网络教育生态系统总体状况.建设效果评价指标主要体现在网络教育影响范围、网络教育技术状况以及网络教育利用服务能力等方面。

(1)网络教育影响范围。网络教育影响范围是评价主体对网络教育建设效果的主观印象,直接体现在网络教育的社会知名度上。具体评价指标包括特色亮点、媒体宣传、领导评价、专家评价、公众印象、网站影响力等。如果网络教育的影响范围大,表明网络教育知名度高,建设效果突出。

(2)网络教育技术状况。技术状况主要是反映网络教育技术的先进程度。具体评价指标主要体现在软硬件系统的先进性和新技术的应用这两个方面。硬件设备更新快,软件系统设计合理、使用方便,新技术应用多,则网络教育技术先进程度就高。

(3)网络教育利用服务能力。利用服务能力关系到网络教育功能的体现以及相关信息资源能否发挥其价值,也能彰显教育建设活动的成果。利用服务能力具体评价指标包括用户利用信息反馈、利用方式、利用效果等。用户利用信息反馈可通过用户调查等措施,准确获取用户的反馈信息,了解用户对网络教育利用服务工作的满意程度。利用方式包括利用手段、利用技术平台建设与应用情况、方便程度等。利用效果是指网络教育信息资源利用的经济效益和社会效益,是对网络教育利用服务的方式、渠道、态度、便捷性、整体效益等的综合反映。

三、网络教育生态系统评价指标体系的评分标准

当网络教育生态系统评价指标体系的内容确定后,需要对各评价指标的具体分值进行量化设定,以使评价具有可操作性。为此,需要对评价指标体系的内容进行科学分析,合理设置各项评价指标的分值,以保证网络教育生态系统评价的科学性和权威性。

网络教育生态系统评价指标体系评分的具体操作流程为:

第七章　网络教育生态系统的健康与评价

1. 列出评价指标。通过对评价指标体系内容的科学分析，设置网络教育生态系统主体、客体、建设效果3个一级评价指标和16个二级评价指标。

2. 依据各评价指标在网络教育生态系统中的重要性和综合影响力给出相应的量化分值，所有指标分值的累计总分为100分。

3. 在各个评价指标的取值范围内进行评分。如分值为5分，说明取值范围是0-5，不能超出此取值范围。

4. 所有二级评价指标得分累计相加，就是该网络教育生态系统评价的总得分。

5. 专家评价、用户评价和自我评价应占有不同的权重，总权重等于1。

6. 分别将评分结果乘以权重，最后相加，得出综合评价的分数。分数越高，说明网络教育生态系统的健康状态越好，反之亦然。依据得分高低，把网络教育生态系统划分为四个等级，分别是健康、基本健康、亚健康和不健康。

网络教育生态系统的评价操作是一项系统性工程，需要对网络教育生态因子进行全面了解和科学分析方能准确把握。无论是专家评价、用户评价、自我评价，还是综合评价，均需要通过具有科学、合理和可操作性的评分标准来具体实施，最终获取量化的评分值来反映网络教育生态系统的评价结果和健康状况。网络教育生态系统评价指标体系的评分标准，可以根据实际情况和要求进行具体设计，对评价内容(即评价的一级、二级指标)可进行相应增加或减少，对分值和取值范围可进行适当调整等。表7-1为网络教育生态系统评价指标体系评分的设计样表，仅供参考。

7-1 网络教育生态系统评价指标体系评分的设计样表

一级指标	二级指标	二级指标说明	取值范围	评分
1. 主体（25）	1.1 教育助学者(6分)	评价教育助学者的基本素质、专业素养、信息素养等三方面，具体考察教育助学者的学历层次、作态度、工作能力、教育意识、专业知识、信息意识、信息技能、教学质量等	0—6	
	1.2 教育管理者(15分)	评价教育管理者的基本素质、专业技能、信息素养和学术水平等四方面，具体考察教育管理者的学历结构、知识结构、年龄结构、工作态度、专业知识、研究成果、研究成果等	0—15	
	1.3 学习者(4分)	评价学习者的群体分布、教育专业素养、教育利用技能等，具体考察学习者的职业背景、年龄结构、教育意识、教育信息利用需求、教育利用频度、信息检索能力、信息加工能力、教育利用成果等	0—4	
2. 客体（65）	2.1 社会环境(2分)	具体考察政治民主、社会稳定、经济发展、信息化水平、法律法规、教育管理体制、文化教育、科技发展、新技术开发与应用等	0—2	
	2.2 自然环境(2分)	具体考察政治民主、社会稳定、经济发展、信息化水平、法律法规、教育管理体制、文化教育、技发展、新技术开发与应用等	0—2	
	2.3 教育管理机构（6分）	具体包括政策法规、行政执法、财政支持、业务培训、业务指导、宣传教育、新技术推广等	0—6	
	2.4 行业协会(2分)	具体考察合作交流状况、协作共建情况、社会沟通能力等	0—2	

· 158 ·

第七章 网络教育生态系统的健康与评价

续表

一级指标	二级指标	二级指标说明	取值范围	评分
2. 客体(65)	2.5 传统教育(6分)	具体考察教育信息资源规模、教育信息资源结构、教育信息资源特色、教育管理基础、教育管理手段与教育管理方法、教育服务方式、教育利用效益、教育科研方式等	0—6	
	2.6 其他信息机构(1分)	具体考察信息资源共享、业务联、科研合作等内容	0—1	
	2.7 信息资源(20分)	评价教育信息资源的数量、质量和结构等情况,具体考察教育信息资源的广度、深度、特色、网络教育资源比重、教育数字化程度、保存状况等	0—20	
	2.8 运行机制(10分)	评价网络教育的运行状况、管理机制、管理水平与管理效率、协调能力、技术应用、社会、合作、资金投入、人才保障、创新机制等	0—10	
	2.9 基础服务(12分)	考察网络教育网络设施、网络安全系统、计算机和服务器设备、数字化设备、多媒体设备、存储备、备份设备、教育信息化管理工作平台、教育数据库管理系统、教育利用服务系统、教育网站、网络教育机房建筑、机房智能监控与安全保障系统、温湿度调控系统、水电设施等	0—12	
	2.10 组织文化(4分)	考察教育工作者的凝聚力、协同力、创新力以及价值观念、行为规范、规章制度、管理环境、教育信息资源展示与传播状况等	0—4	

续表

一级指标	二级指标	二级指标说明	取值范围	评分
3. 建设效果(10)	3.1 网络教育影响范围(4分)	考察特色亮点、媒体宣传、领导评价、专家评价、公众印象、网站影响力等	0—4	
	3.2 网络教育技术状况(3分)	主要考察软硬件系统的先进性和新技术的应用等	0—3	
	3.3 网络教育服务能力(3分)	具体包括用户利用信息反馈、利用方式、利用效果等	0—3	
总分				

参考文献

著作类

[1] 曹凑贵. 生态学概论. [M]. 北京：高等教育出版社，2002.

[2] 邹冬生，高志强. 生态学概论. [M]. 湖南：湖南科学技术出版社，2007.

[3] 毛文永. 生态环境影响评价概论[M]. 北京：中国环境科学出版社，2003.

[4] 马世骏. 现代生态学透视[M]. 北京：科学出版社，1990.

[5] 钱辉. 生态位、因子互动与企业演化—企业生态位对企业成长影响研究[M]. 杭州：浙江大学出版社，2008.

[6] 靖继鹏，张向先，李北伟. 信息经济学（第二版）[M]. 北京：科学出版社，2007.

[7] 蒋录全. 信息生态与社会可持续发展[M]. 北京：北京图书馆出版社，2003.

[8] 牛翠娟等. 基础生态学（第二版）[M]. 北京：高等教育出版社，2007.

[9] 张真继，张润彤等. 网络社会生态学[M]. 北京：电子工业出版社，2008.

[10] 钱辉. 生态位、因子互动与企业演化——企业生态位对企业成长影响研究[M]. 杭州：浙江大学出版社，2008.

[11] 周长发. 生态学精要[M]. 北京：高等教育出版社，2010.

[12] 尚玉昌. 普通生态学（第三版）[M]. 北京：北京大学出版社，2010.

[13] 杨持. 生态学[M]. 北京：高等教育出版社，2008.

[14] 蔡晓明. 生态系统生态学[M]. 北京：科学出版社，2000.

[15] 马克思恩格斯文集(第9卷)[M]. 北京：人民出版社，2009.

[16] [美]嘉格伦(Jones G. R.). 网络教育：21世纪的教育革命[M]. 万小器，程文浩，译. 北京：高等教育出版社，2000.

[17] 马克思恩格斯文集(第5卷)[M]. 北京：人民出版社，2009.

[18] 邓小平文选(第三卷)[M]. 北京：人民出版社，1993.

[19] 余昌谋. 生态文化论[M]. 天津：河北教育出版社，2001.

[20] [德]康德. 判断力批判[M]. 邓晓芒，译。北京：人民出版社，2004.

[21] [德]H. 哈肯. 协同学导论[M]. 张纪岳，郭治安，译. 西安：西北大学出版社，1981.

[22] 邵培仁等. 媒介生态学—媒介作为绿色生态的研究[M]. 北京：中国传媒大学出版社，2008.

[23] 杨忠直. 企业生态学引论[M]. 北京：科学出版社，2003.

[24] 张真继，张润彤. 网络社会生态学[M]. 北京：电子工业出版社，2008.

[25] 余昌谋. 生态文化论[M]. 天津：河北教育出版社，2001.

[26] 杜栋，蒋亚东. 企业信息资源管理[M]. 北京：北京交通大学出版社，2006.

[27] [美]威廉. 福格特. 生存之路[M]. 张子美，译. 北京：商务印书馆，1981.

[28] 李博. 生态学[M]. 北京：高等教育出版社，2000.

[29] 刘国城. 生态平衡浅说[M]. 北京：中国林业出版社，1982.

[30] [英]E. 马尔特比. 生态系统管理：科学与社会问题[M]. 康乐，韩兴国等，译. 北京：科学出版社，2003.

[31] 夏伟生，时正新. 生态平衡与经济发展[M]. 兰州：甘肃人民出版社，1983.

[32] 王庆礼. 生态系统健康学：理论与实践[M]. 沈阳：辽宁科学技术出版社，2007.

[33] 邱均平，文庭孝. 评价学：理论·方法·实践[M]. 北京：科学出版社，2011.

[34] 唐广. 企业价值评估指标体系研究[M]. 经济管理出版社，2007.

论文类

[1]陈肖生.网络教育与学习适应性研究综述[J].中国远程教育,2002(3).

[2]庄悦群.从生态位到可持续发展位:概念的演进[J].中国人口.资源与环境,2005(4).

[3]张录强.生态位理论及其综合应用[J].中学生物学,2005(7).

[4]朱润钰.生态位、城市生态场势等城市生态学概念研究综述[J].安徽农业科学,2007(36).

[5]张光明,谢寿昌.生态位概念演变与展望[J].生态学杂志,1997(6).

[6]林开敏,郭玉硕.生态位理论及其应用研究进展[J].福建林业学院学报,2001(3).

[7]肖扬,毛显强.城市生态位理论及其应用[J].中国人口·资源与环境,2008(5).

[8]张光明,谢寿昌.生态位概念演变与展望[J].生态学杂志,1997.

[9]李德志,刘科轶等.现代生态位理论的发展及其主要代表流派[J].林业科学,2006(8).

[10]许芳,李建华.企业生态位原理及模型研究[J].中国软科学,2005(5).

[11]赵维良.城市生态位评价及应用研究[D].大连:大连理工大学,2008.

[12]娄策群.信息生态位理论探讨[J].图书情报知识,2006(5).

[13]梁磊,邢欣.论组织生态学研究对象的层次结构[J].科学学研究,2003(21).

[14]彭璧玉.组织生态学理论述评[J].经济学家,2006(5).

[15]赵维良.城市生态位评价及应用研究[D].大连:大连理工大学,2008.

[16][18]韩庆祥."生态位"与"思想流"—谈义乌适者与强者的辩证法[J].信息导刊,2004(17).

[17]刘增文,李雅素,李文华.关于生态系统概念的讨论[J].西北农林科技大学学报(自然科学版),2003(6).

[18]姜小兰.技术生态化的社会建构究[D].西安:西北农林科技大学,2010.

[19]罗天强,黄涛,李锐锋.技术生态化及其社会系统控制[J].系统科学学报,2006(1).

[20]马治国.网络教育本质论[D].哈尔滨:东北师范大学,2003.

[21]修国义.虚拟企业组织模式及运行机制研究[D].哈尔滨:哈尔滨工程大学,2006.

[22]智勇.生态系统特征的系统科学思考[J].中南林业科技大学学学报,2007(6).

[23]岑建君."世界校园"一美国宾州州立大学的网络教育[J].世界教育信息,2001(1).

[24]陈群平.国外高校现代远程网络教学发展综述[J].成人教育学刊,2001(9).

[25]张皴,张锐.企业生态系统的构成及运行机制研究[J].科技管理研究,2005(3).

[26]钟月明.普里高津和耗散结构理论[J].广西师范大学学报(哲学社会科学版),1987(2).

[27]张四新.论生态图书馆系统的自组织范式[J].图书与情报,2006(4).

[28]邵国焕.农业生态系统演化规律研究[J].农业经济与社会,1990(3).

[29]祝智庭.中国教育技术标准化在行动[J].教育信息化文摘,2004(3).

[30]靖继鹏.信息生态理论研究发展前瞻[J].图书情报工作,2009.

[31]曲仲湘,王焕校,吴玉树.生态平衡概述[J].生态学杂志,1982(4).

[32]何克抗.我国数字化资源建设的现状及其对策[J].电化教育,2009(10).

[33]张志诚,牛海山等."生态系统健康"内涵探讨[J].资源科学,2005(1).